柔性

改变商业

阿里巴巴
企业公益的创新实践

裴涵 著

电子工业出版社·
Publishing House of Electronics Industry
北京·BEIJING

图书在版编目（ＣＩＰ）数据

柔性改变商业：阿里巴巴企业公益的创新实践 / 裴涵著 . —北京：
电子工业出版社，2023.11
ISBN 978-7-121-46564-2

Ⅰ. ①柔⋯　Ⅱ. ①裴⋯　Ⅲ. ①企业—慈善事业—研究
—中国　Ⅳ. ① D632.1

中国国家版本馆 CIP 数据核字 (2023) 第 203448 号

责任编辑：张振宇
印　　刷：天津千鹤文化传播有限公司
装　　订：天津千鹤文化传播有限公司
出版发行：电子工业出版社
　　　　　北京市海淀区万寿路 173 信箱　　　邮编：100036
开　　本：880×1230　1/32　印张：8.875　字数：257.4 千字
版　　次：2023 年 11 月第 1 版
印　　次：2023 年 11 月第 1 次印刷
定　　价：78.00 元

凡所购买电子工业出版社图书有缺损问题，请向购买书店调换。若书店售缺，请与本社
发行部联系，联系及邮购电话：（010）88254888，88258888。
质量投诉请发邮件至 zlts@phei.com.cn，盗版侵权举报请发邮件至 dbqq@phei.com.cn。
本书咨询联系方式：（010）88254210，influence@phei.com.cn，微信号：yingxianglibook。

深度解剖阿里巴巴"公益心态、商业手法、技术力量"的公益逻辑。

在中国式现代化背景下首次发布具有中国特色的企业公益实践方法论——"钻石模型"。

阿里巴巴从 20 年前到现在，所有重要的决定都与钱无关。我们始终在思考，我们所做的决定、我们所投入的技术、我们所做的产品是否可以解决社会问题，是不是按照我们的使命、我们的愿景、我们的价值观而出发的。

——马云

当裴涵拿给我这本《柔性改变商业》，并希望我为它作序时，说实话我是有些犹豫的，主要是因为我对企业公益，尤其是数字公益领域不熟悉。后来我抽空读了一遍，也就渐渐产生了兴趣。裴涵原来是我们科技哲学专业的博士生，当时他博士论文的主攻方向是技术标准化的文化研究，这是一个难度很大的选题，为此还曾派他去东京大学广域科学研究科进行联合培养，以便现场考察日本在 20 世纪 70—80 年代在技术标准化过程中遇到的挫折与教训。没想到他现在做的却是数字公益，我不知道为什么会产生这么大的转向，也许与他进入了阿里巴巴商学院有关。我们知道，阿里巴巴不仅是浙商，还是国内企业从事数字公益的标杆。其实诸如此类的转向在我和我的学生中并不鲜见，关键是你能否对当下重大的现实问题做出回应，至于知识储备和学科边界都不是什么问题。

在读这本书的过程中，我发现企业公益是一个很有趣，也很重要的领域，并从阅读中获得了一些新的认知和体会。首先，为何在公益慈善中企业的地位如此重要？好像是两年前吧，中央把浙江确立为建立共同富裕的示范区，进行先行先试，这对浙江的企业（浙商）来说这既是挑战，也是机遇。说到共同富裕，不得不提及三次分配的制度安排，初次分配以效率为主，再分配则通过税收等手段兼顾公平，而第三次分配主要靠公益慈善。在我国，公益慈善的主体始终是企业。在这一点上，我们与美国有很大的差别。拿 2021 年的数据来看，大陆地区慈善捐赠的 60% 来自企业，而美国则相反，60% 的捐赠来自个人。可见，在我国企业是实现共同富裕的主力军，它不仅拥有资金上的优势，而且还拥有技术和人力上的优势，况且我们的企业文化中包含着公益慈善的文化传统与基因。

其次，为何企业要做公益慈善呢？我想，这不仅是我本人，不少读者心中都存在这样的疑问。按照亚当斯密那样一种传统的经济学理论，作为市场主体的"理性人"，企业唯一的使命就是实现自身利益的最大化。按理说它们不可能产生从事利他行为的动力，那么它们做公益慈善是出于什么样的动机呢？我想，这种动机也许是在市场演化过程中涌现出来的，至少在原始的资本主义那里是不存在这类动机的。其实，将产业演化与科学演化进程做一下比较就可以发现，在科学史上也存在诸如此类的涌现现象。20 世纪初，在两位科学家普朗克和马赫之间就发生过一场著名的关于科学活动的动机的争论。依据马赫的说法，科学的使命是实现劳动的节约并达成社会福祉。而普朗克则认为，科学仅仅是一种满足科学家自身好奇心的游戏，所谓自由研究就是为科学而科学。科学也许会造福于社会，但这不是它的本意，只是碰巧罢了。人们通常以为普朗克是论战的获胜方，然而，在两次世界大战之后，科学所演化出的新功能狠狠地打脸了主流的见解，因为科学活动中涌现出了以推进产业发展和满足公众福祉需要为己任的动机。和科学一样，企业功能定位的多元化也是一种历史趋势。历史发展的经验表明，公益慈善并非是纯粹利他的，而是一种互利的行为，在改善企业形象、拓展经营资源方面有着不可估量的价值。

另外，企业公益的发展前景如何？我们看到，这个领域似乎已经呈现出一种全新的特征，这就是社会创新，或者叫公益创业。随着经济增长于科技的进步，涌现出大量的社会问题，如：贫富分化、环境污染、看病贵、上学难、养老难、食品安全、弱势群体保护、智障人士就创业等，所谓社会创新就是企业以解决这样一些社会问题开展的商业创新行为。在传统的治理结构中，解决这些社会问题本不是企业的任务，而是政府部门和非营利部门的事。然而它们又没有能力解决，于是便引发了企业尝试通过创新的模式去解决社会难题。如今这已然成为新的投资热点和市场风口。国际著名投资人罗杰斯在博鳌论坛上说，中国未来在公益创业领域投资规模巨大，是一片真正的蓝海。

接着，我们回到本书的特色和新颖之处上来。对于本书书名"柔性改变商业"，读到最后我开始有了自己的理解。依据老子在《道德经》中的说法，"上善若水"。真正的善行就如同水一样，柔软地滋润着商业世界，却不会将自己置身于商业之外，更不会将自己置身于商业之上。前面提到的社会创新就很好地兑现了"上善若水"的理念。法语中有个词汇叫"niche"，原意是神龛，后来被生态学家用来表达一种"生态位"。企业如同特定的生物，总是生存在特定的环境中，依赖周遭的一切。但是，该生物又被其他生物所依赖，成为其他生物环境的一部分。也就是说，当你改变环境的同时，你也为环境所改变。行善并非是一种高高在上的给与，而是你无声地融入环境的一种途径。

本书真正落脚点其实是数字公益。据《中国数字公益发展研究报告（2022）》的表述，数字公益已经覆盖了普惠教育、养老助老、乡村振兴、社区治理、扶残助残、医疗健康、生态环境等社会领域，成为我国推动社会进步与发展，打造人类命运共同体的新动能、新手段。作者列举了诸如互联网+公益、大数据+公益、人工智能+公益、区块链+公益、元宇宙+公益等数字公益领域，不过，本书的着眼点还是现实的互联网技术。互联网技术以其链接、互动和协调这三个方面的特点赋能公益事业。尤其是在重大的公共灾害面前，海量网友被瞬间动员起来，形成我国历史上前所未有的庞大的公益行动群体。作为数字公益的先驱和中枢，阿里巴巴在这20多年间从企业的成长到成熟的历程中，的确将公益事业推进到了一个前所未有的规模和高度。正如马云所说的那样："我们始终在思考，我们所做的决定、我们所投入的技术、我们所做的产品是否可以解决社会问题，是不是按照我们的使命、我们的愿景、我们的价值观而出发的。"

盛晓明

浙江大学哲学学院教授、科学技术

与产业文化研究中心主任

2023 年 4 月

　　三年前，裴博士和我交流时提出，想通过对阿里巴巴公益实践的研究，来为有公益愿景的企业撰写一本可借鉴、可操作的书。我就阿里巴巴十多年来的公益实践，和裴博士做了多次深入交流；也希望通过他的研究，可以让阿里巴巴和更多企业伙伴、行业伙伴一起，为中国公益慈善事业发展贡献合力。

　　过去三年，面对种种挑战，更加坚定了阿里巴巴做一家"好公司"的初衷。阿里巴巴从成立的第一天起，就以"让天下没有难做的生意"为使命；阿里巴巴不追求"强"，不追求"大"，而是追求"成为一家活102年的好公司"。

　　公益是阿里巴巴的文化基因，贯穿于公司20多年的发展史。对内，每位阿里巴巴员工每年至少为社会提供3小时公益志愿服务，用爱心和行动为社会贡献温暖和力量；对外，阿里巴巴用科技、平台和生态力量帮助解决社会问题，这是阿里巴巴所理解的"好公司"。

　　阿里巴巴之所以说"活102年"，是因为成立于1999年的阿里巴巴，如果活到102岁就将横跨三个世纪。这一在公司创立之初就确定的愿景，不仅是对发展的期许，更是企业的自我要求；因为只有和客户、员工、股东，以及更大范围的社会需求同频共振，创造商业之上的价值，企业才能做到"基业长青"。

美国管理学经典畅销书《基业长青》在分析比较了几百家公司后发现，基业长青的企业在为人们创造工作机会，增加财富的同时，一定也为社会做出不菲贡献。基业长青的企业都有一个共同点：就是在追求企业发展的"私益"的同时，也一定会践行社会责任的"公益"。

我和裴博士早在 2016 年就相识了，当时他正带领商学院的大学生，帮助农村留守儿童获得更好教育。我被他身上的公益热情所打动，结合农村淘宝（以下简称村淘），我们开展了"互联网+乡村教育"计划。2017 年，在该项目基础上，我们一起启动了"村淘文化角"项目，向全国 1500 个村淘点全面推广，取得了很好成效。

这一年，正是我负责阿里巴巴公益的开始。我自 2002 年加入B2B 事业群，2014 年又带领团队创立农村淘宝，在商业领域工作了十余年后，我从 2017 年起担任阿里巴巴公益基金会理事长，负责集团公益事业。

裴博士在跟我的交流中表示，希望致力于推动中国企业公益的发展，对此我非常感佩。在长期的企业公益研究和实践中，他发现：很多企业虽有公益意愿，但除捐赠外缺乏业务结合公益的方法论；同时，中国科技企业近年来在公益领域已有很多创新实践，如能将这些实践理论化和体系化，将有助于带动更多企业投身公益。

在过去三年的多次交流中，裴博士对阿里巴巴的公益案例进行了全面梳理，我也尽我所知配合裴博士的研究，尽可能将阿里巴巴公益实践背后的行动逻辑解释清楚。和裴博士的多次交流，不仅是梳理阿里巴巴企业公益实践的过程，也是我们对企业公益的再思考过程。

我们坚信，人人公益才是大公益。阿里的公益实践只是中国企业公益创新实践的涓滴细流，相信更多有社会责任感企业的共同努力，会汇聚成中国公益慈善事业发展的时代潮流。

孙利军

阿里巴巴集团合伙人、阿里巴巴

公益基金会理事长

2023 年 3 月

企业要做公益吗？

企业如何做公益？

作为一名商学院的教授，我在商学院（经管学院）从事商科教学和科研工作已经 18 年了。其间，我和很多企业家做过交流，也为不少企业提供过商业模式创新、公益战略咨询的服务，有些企业至今还与我保持着交流与合作关系。

在和很多企业家交流企业公益的过程中，时常会探讨的两个问题是：企业要做公益吗？企业如何做公益？这两个问题似乎已经成为企业公益的两个元问题。

我用自身切实的经历告诉你，只要你有心，企业做公益其实并不难，而且对商业和个人都是有助益的。

企业公益的一小步：村淘文化角

2014 年，阿里巴巴启动了"千县万村"计划，计划在中国建立 1000 个县级运营中心和 10 万个村级服务站。阿里巴巴随即成立了村淘事业部，在中国乡村设立村淘服务站，推动工业品下行和农产品上行。

经过两年发展，村淘历经农村电商启蒙教化的 1.0 版本、解决货源品质和村淘合伙人收入的 2.0 版本，到 2016 年，村淘启动了以"服务"为核心的 3.0 业务模式，将村淘服务站打造成乡村生态服务中心、创业孵化中心和公益文化中心。村淘服务站也成为阿里巴巴向乡村输送公益资源的承载点。你看，阿里巴巴乡村公益就这样在村淘服务站生长出来了。不过这个乡村公益空间，非常需要更多的文化、教育资源融合进来。

在 2013 年的时候，我创办了阿里巴巴商学院 e 次方社团。从 2014 年开始，e 次方社团每年都组织志愿者团队到乡村开展服务乡村的暑期社会实践活动，让青年人在服务乡村的同时磨炼自我、提升自我。e 次方社团在乡村开展社会实践，正苦于没有固定的根据地。在全国纷纷设立的村淘服务站，无疑为我们青年学生参与乡村实践提供了最好的活动载体。

2016 年，我和时任村淘总经理的孙利军（花名：大圣）交流，希望能在村淘服务站内设立"文化角"。村淘需要公益内容，e 次方社团需要公益阵地。我的想法，得到了大圣强有力的支持。2016 年 7 月，e 次方社团联合村淘、淘宝大学，一起发起了"互联网＋乡村公益教育计划"，并在衢州江山市张村乡秀峰村、凤林镇株树村和峡口镇广渡村这 3 个设立村淘服务站的村开始了"文化角"的试点。

2017 年，博库网已经成为继亚马逊、当当网后的第三大图书网络销售平台。公益是企业最好的品牌。博库网希望通过公益来践行企业社会责任，同时扩大品牌影响力，但是苦于不知道如何切入。我与博库网负责人交流后，双方一拍即合，博库网参与村淘文化角项目的共建，提供相应的项目资金和图书资源。在博库网的支持下，依托全国乡村的村淘服务站，全国 12 个省 1500 多个

目　录
CONTENTS

目 录

目 录 ——————————————————————————

目录 ───────────────

引言
怎样的企业才是未来好企业

我心中伟大的企业是那些致力于挣钱并解决社会问题的企业。

——菲利普·科特勒（Philip Kotler）

"时代"是个伟大的变革力量，随着时代车轮滚滚向前，人们对"什么是好企业"的认知也在发生巨大的变化。

100年前，如果一家企业能雇佣100个员工，解决100个家庭的生计问题，那么这家企业肯定是好企业。如今，一家企业雇佣10000个员工，但是企业生产对周边环境造成严重影响，那么大家肯定不会认为这家企业是好企业，这个企业主亦会被认为是"无良商人"。再往后100年，如果一家企业既能创造就业岗位，又不破坏环境，但它的存在只是为所有者或股东谋利益，那么它同样也不是一家好企业。

未来的好企业，一定是能为人类谋福利、为社会谋利益的企业。未来的好企业一定不再满足于"自我""个体"的小利益，而是聚焦服务公众、推动社会发展的"大利益"，在创造社会价值的同时，自然而然地延伸出"自我价值"。

随着历史车轮继续向前，企业和商业的景象也将发生变化。未来的企业必将不局限于追求自身利润，而是会越来越多地瞄准社会问题，在创造商业价值的同时创造社会价值。这样的企业，我们将之定义为"社会企业"。

企业演化终极形态：社会企业

法国经济学家蒂埃里·让泰在 1998 年提出"社会企业"（Social Enterprise）的概念，他认为社会企业不是以人们衡量资本主义经济的办法，即工资、收益等来衡量的，它的产出是把社会效果和间接的经济效益结合在一起的。

社会企业是一种新型的企业形态。经济合作与发展组织（Organization for Economic Co-operation and Development，OECD）认为，社会企业是"任何为公共利益而进行的私人活动，它依据的是企业的战略，但其目的不是利润最大化，而是实现一定的经济目标以及社会目标，而且它具有一种为社会排挤和失业问题带来创新性解决办法的能力"[①]。二十多年以来，它已经在全球各地落地实践，各国政府和学者对社会企业的定义尚未形成统一的认识。但是大家对于社会企业的理解大致有以下共识：

（1）社会企业本质上还是企业，有明确的营利动机、风险意识、竞争取向、创新精神和不断扩大规模的资本积累冲动。

（2）社会企业是一种特殊的企业形态，兼具社会目标和经济目标，同时这两种力量共同驱动企业决策。

（3）社会企业的经营目的主要是推动社会或环境的变革和进步，其获取的利润通常会用于实现社会或环境目标。

---

① 刘继同. 经济合作与发展组织报告节选 [J]. 中国社会工作，2002（2）：197–201.

社会企业致力于解决社会问题、增进公众福利，而非仅仅为股东或者企业的拥有者谋取最大利润而运作。社会企业通过市场机制来调动社会力量，将商业策略最大限度地运用于提升人类社会的福祉。

企业演化过渡形态：共益企业

共益企业（Benefit Corporation，B Corp）是由 2006 年创办的非营利组织——共益实验室（B Lab）提出的一种新的商业形态。它倡导商业力量不仅仅为了营利，还可以成为解决社会和环境问题的有生力量。

共益企业在关注股东利益之外，也照顾到了更多利益相关者的利益。共益企业是一种利益相关者经济形态，是商业企业向社会企业进化过程中的一种企业形态。著名经济学家吴敬琏先生于 2019 年在《斯坦福社会创新评论》杂志上发表《向所有者经济演进》（*Shifting to a Stakeholder Economy*）一文，大声发出倡导：东亚应加快推动所有者经济向利益相关者经济演进。

B Lab 建立了一套测评体系，通过员工、社区、环境、治理和客户 5 个维度，对企业进行共益影响力的测评，将符合条件的企业称为"共益企业"。这些公司在员工福利、环境、社会影响力以及责任度上总分达到 80 分以上，可以获得一个 B Corp 认证。

共益企业是通过关注利益相关者的权益，将他们的需求融入商业模式之中，有机平衡商业利益和社会利益的企业。随着历史的发展，越来越多的企业会关心企业的社会价值和社会利益的创造，社会属性越来越强，那么共益企业将会越来越多。

企业演化的起点：公益外置型商业企业

当前，更多的企业还是纯粹的商业企业，以追求经济价值为唯一的目标，它们对社会责任的履行是外置型的，企业公益和社会价值并没有融入业务和经营目标之中。比如企业在社会大事件或自然灾害发生之时的捐款，企业在某个时期发起的公益活动或公益项目。

一家商业企业向社会企业演化，往往也是从外置型企业公益开始，从履行社会责任的行动开始。

图1　企业进化示意

近年来，社会问题频频涌现，越来越多的企业开始关注社会问题，同时伴随数字技术突飞猛进，数字经济和平台经济模式方兴未艾，企业与利益相关者的关联度越来越高，企业也掌握了更好的改造和服务社会的工具。越来越多的企业开始从公益外置型商业企业向共益企业升级，向社会企业进化。

如果我们展望未来，未来所有的企业都会是社会企业。从社会发展的趋势而言，未来企业的社会性会越来越强，从某个角度来说，未来的企业如果不是为了解决社会问题而生的，那么它不可能具备可持续发展的动力机制，甚至不具备存在的合法性。

知名学者资中筠在《财富的责任与资本主义演变》一书中提出了"新公益"概念，这个概念覆盖了"创投公益""社会企业""影响力投资"等不同模式。资中筠洞察到了资本和商业发展的新趋势，即新的公益模式旨在从一开始就把资本引向对社会有益的事业，寓公益于商机，不满足于授人以渔，而是要掀起一场"渔业革命"。①

企业社会属性与基业长青

日本"经营之圣"稻盛和夫说："自利则生，利他则久。"企业越是具备社会属性、有社会责任、创造社会价值，它就越具备可持续发展的可能，越有可能把企业做到基业长青。

企业家都希望把企业做到基业长青，但经营一家基业长青的企业谈何容易。据美国《财富》杂志的报道，美国中小企业平均寿命不到7年，大企业平均寿命不足40年。在中国，中小企业的平均寿命更是仅有2.5年，集团企业的平均寿命也只有7~8年。然而，一家企业如果能够为人类和社会发展做出巨大贡献，比如通用电气（GE）让电灯照明走进千家万户，福特让普通家庭都买得起汽车，企业在为社会和消费者创造巨大的福祉的同时，也得到了持续的商业回报。

只有将企业的事业深深地嵌入社会系统之中，为人类和社会贡献独有的价值，企业才会有可持续发展的可能。阿里巴巴要做跨越3个世纪、做102年的企业，必然要和整个国家和社会的发展

---

① 资中筠. 财富的责任与资本主义演变：美国百年公益发展的启示［M］.
上海：上海三联书店，2015：406-412.

同呼吸、共命运。随着国内外环境的变化和企业的发展，阿里巴巴的业务也在发生着变化，但是无论业务怎么变，阿里巴巴在不同发展阶段都基于社会层面做战略思考与定位。阿里巴巴在创立之初就明确了"让天下没有难做的生意"这个使命。"让天下没有难做的生意"似乎是属于社会公共领域的事情，并不属于一个企业的职责范围。但是，阿里巴巴将此作为企业的使命，无论搭建电子商务交易平台，还是构建网络支付平台、云计算平台、物流枢纽体系，都是为"做生意更容易"而做，具有强烈的社会公共服务属性。

福耀玻璃创始人曹德旺先生在《心若菩提》一书中提道："在创业的道路上，自 1983 年承包工厂开始，我始终以企业家自勉，并认为企业家的责任，是应始终坚持下面三个信念：国家会因为有您而强大、社会会因为有您而进步、人民会因为有您而富足。"[1]经过 40 年的探索与实践，福耀玻璃的产品广泛应用于宾利、奔驰、宝马、奥迪、通用等全球顶级汽车制造企业，如今福耀已成为全球最大的汽车玻璃解决方案供应商之一。"入戏者，依愿也；入角者，靠信也。"福耀持续、稳健的发展，与创始人的家国情怀、格局担当，与企业积极承担社会责任，致力于建设更强大的国家、更美好的社会也是密不可分的。

历史车轮滚滚向前，社会对企业的社会属性的期待会越来越高，企业的社会属性终将越来越强。当下，越来越多的人已经意识到企业不仅属于个人或股东，企业也属于它所在的社会；同时

---

① 曹德旺. 心若菩提［M］. 北京：人民出版社，2015：389.

企业的社会属性越强，它越有可能基业长青。

面向未来的企业新战略观：非市场因素的纳入

面向未来，以终为始，企业向共益企业和社会企业的进化，不能仅仅满足于了解如何去做企业公益，将公益作为一种外置活动，而是应该站在更高的维度，将社会价值维度融入企业战略的定位分析，建立全新的面向未来的企业战略观。

企业制定战略一般基于对市场的洞察，包括对技术趋势、行业趋势、市场变化、客户需求等市场因素的思考，并以此谋划企业的整体发展。常用的企业战略分析模型也基本上是围绕经济、技术、产品等市场因素来分析企业的战略行为和战略定位的。比如大前研一提出的用于战略分析的 3C 模型，用于内外部竞争环境分析的 SWOT 分析、用于产品营销分析的安索夫矩阵、用于产品组织分析的波士顿矩阵、用于业务组合分析的麦肯锡矩阵，亚历山大·奥斯特瓦德提出的用于分析商业模式的商业模式画布（Business Model Canvas）等莫不如此。

实际上，企业的行为还受到若干非市场因素的影响，企业在战略决策、运营管理、拓展市场时，必须考虑利益相关方的影响，这些非市场因素不仅仅是企业承担社会责任时必要的考量，也是建立正确的竞争优势的重要资源导向（如政府的政策支持、公众的认可、媒体舆论导向）。这些非市场因素的影响有时是积极的、支援型的，有时又会使企业陷入被动和僵局中。

1995 年，戴维·巴伦（David P. Baron）在《商务学：市场与非市场环境》中指出：公司在市场环境中对其命运的掌控能力超出非市场环境，但成功的企业都很清楚，如果它们不好好管理非市场环境，自己会被它好好"修理"。要保持长期的可持续竞争优势就必须有效管理非市场环境。①

有充分的研究证明那些关注社会环境议题，并将其转化为与企业生存和发展紧密相关的实质性议题的企业，它们的综合业绩往往比不关注的企业要好很多，也往往能更持久地得到投资人、股东和社会的认同与支持。②

将非市场因素纳入企业的战略分析模型，不仅仅关系社会责任，更是一种面向未来的战略观。把利益相关者及有关社会因素纳入企业战略的分析框架之中，是面向未来的战略认知，也是企业向共益企业、社会企业进化的必然选择。

面向未来的企业新战略分析模型： SMT 模型

用于宏观环境分析的 PEST 模型是一个将政治、社会等非市场因素纳入战略分析的模型。其中，政治环境（Political）指的是企业所处的宏观政治环境，包括政治体制、政府管理与法律限制、产业与投资政策、政局稳定情况、各政治利益集团等；经济环境（Economical）指的是企业所处的宏观经济大环境，包括 GDP 及其增长率、贷款的可得性、利率与汇率、消费模式与失业趋势、货币与财政政策等；社会环境（Social）指的是企业所处的社会文化

---

① 戴维·巴伦. 商务学：市场与非市场环境［M］. 北京：清华大学出版社，2014：4.

② 刘兴华. 新商业文明时代谁能成为中坚力量［J］. 哈佛商业评论，2019（5）：124.

环境，包括人口结构及性别比例、人口出生及死亡率、教育状况、能源节约与污染防治等；技术环境（Technological）指的是技术发展动态、技术开发投资方向、技术转移和商品化情况等。

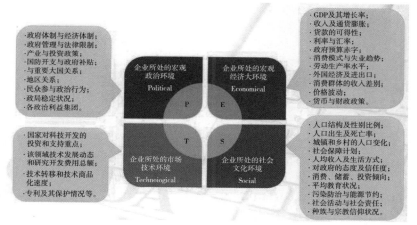

图2　PEST 模型示意

PEST 模型主要用来分析企业发展的宏观环境，我们在 PEST 模型的基础上，提出了用于分析企业向共益企业、社会企业演化的新战略机会的 SMT 模型。

SMT 模型是基于社会环境（Social）、技术环境（Technological）和市场（Marketing）三个维度来分析企业的新战略机会。具体分析过程可以归纳为三个步骤：首先，在社会环境中找到具体的问题，即明确为谁服务；其次，在技术环境中找到具体的解决方案，即明确如何服务；最后，在市场环境中确定商业的可行性。

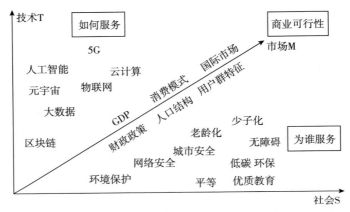

图 3　用于分析企业新战略机会的 SMT 模型

SMT 模型与"开辟式创新"

企业在社会中发现问题，在新技术中找到新方案，在商业模式中确认创新战略定位，这是企业向共益企业和社会企业演化的新战略思考方式，也有利于企业跳出既有竞争的"红海"，走出一条"开辟式创新"（Market-creating innovation）的道路。

"开辟式创新"的概念是著名的管理学家、哈佛商学院教授克里斯坦森提出来的。克里斯坦森教授认为，由于成本、技术和商业生态环境等各种条件的限制，数量巨大的消费群体往往被排除在整个市场之外，使得这个市场被"遮蔽"了。"开辟式创新"就是面对一个看不见的市场，用创新的方式去"解蔽"这个隐藏的市场。

SMT 分析模型立足于企业公益的视角，与企业社会责任有关，同时也与企业创新和企业战略定位有关，它强调的是一种"从社会问题出发"的问题意识，往往能使企业发现由于技术、商业、成本等因素而被忽视的隐藏市场，比如残障人消费市场、下沉市场等。SMT 模型强调"技术能力破解、商业模式闭环"的战略分析视角，倡导以新的技术去解放那个被压抑、被限制的市场，并在商业模式中确认其商业运行逻辑的合理性。因此，面向未来的新战略观和新战略分析模型，是一种面向未来的"开辟式创新"。

中国有 2000 多万听障患者，重度听障患者有 739 万人，除了少部分人通过植入人工耳蜗重新获得听觉，大部分听障患者仍身处无声世界。在中国，人工耳蜗市场长期被国外高价的产品垄断，浙江诺尔康科技于 2006 年创办，开发出中国首个人工耳蜗，打破了国外技术垄断，帮助中国广大听障患者享受到高性价比的人工耳蜗。现在诺尔康已经成为世界领先的神经电子医疗器械供应商。

随着我国经济社会迅速发展，人民群众物质消费水平大幅提高，各种垃圾的产生量也在不断增长，造成的生态环境污染的程度也随之不断加深，成为制约我国社会可持续发展的重要因素。大地海洋于 2003 年创办，在危废的收集、资源化利用、无害化处置等业务中发现了商机，确立了助力国家实现绿色循环的战略发展方向，并于 2021 年在创业板成功上市，抓住了"无用之用"的绿色商机。

有鉴于此，企业公益并不仅仅局限于企业社会责任，而是新时代背景下的一个宏大叙事，是一个有关企业创新的问题，是一个有关企业发展终局的战略性问题，它值得我们每一家企业认真去思考、用心去实践。

认知篇
企业为何公益

公司持续创新，既能获得商业上的成功，同时又承担社会责任，解决社会难题。只要做得对，商业可以提供巨大的社会价值。

——穆瑞澜（Alan Murray）

第1章
新时代·新社会·新商业

> 不是最聪明或最强，而是最适应变化的物种会最终存活下来。
>
> ——查尔斯·罗伯特·达尔文（Charles Robert Darwin）

当下人类正进入一个全新的历史阶段，这是一个由数字技术驱动的新时代，以微粒社会为核心特质的新社会，以及以共益经济为导向的新商业文明。

1.1 新时代：数字技术驱动下的数字时代

1.1.1 技术与现代技术

技术是什么

克劳斯·施瓦布认为，技术是通过社会机制开发出来的解决方案、产品和举措，它包含一整套假设、价值观和原则，服务于人民和社会制度，反过来又能够影响社会生产力、结构和地位。①

按照克劳斯·施瓦布对四次工业革命的划分，无论蒸汽机的

---

① 克劳斯·施瓦布，尼古拉斯·戴维斯. 第四次工业革命［M］. 北京：中信出版社，2018：35.

出现推动的第一次工业革命，还是电力的发明与大规模应用推动的第二次工业革命，亦或计算机和通信技术引发的第三次工业革命，或是人工智能、大数据、物联网等数字技术推动的第四次工业革命，工业革命发生的背后是一次次技术革命的推动，工业革命的发生又推动了人类社会生产和生活的颠覆性革新。可见，技术对人类社会的影响是多么巨大。

现代技术的特征：全面地介入

现代技术和传统技术相比，体现出了对人、社会和产业全面介入的特征：

现代技术深度地介入了人的个体。人类也越来越依赖技术获得感知经验，并与社会互动。人体增强技术（Human Enhancement Technology）、生物打印技术（Bioprinting Technology）、生物识别技术（Biometric Identification Technology）等新技术的发展，使得技术和人相互嵌入，人和技术的边界日益模糊。

现代技术深度地介入了社会。现代社会是一个高度技术化社会，以数字技术为代表的现代技术使得万物都被清晰呈现、精准链接和高度关联，一个线上线下结合、虚实结合的新社会正在崛起。

现代技术深度地介入了产业。新技术+传统产业=新产业，未来的新产业必然是新技术驱动下的创新产业。尤其是植根于前沿科学和先进工程领域的新兴技术，如新材料技术、新能源技术、量子计算技术、脑认知技术、生物技术等新兴技术，将不断颠覆现有的行业，创造出新的市场，同时不断破解人类社会所面临的紧迫问题。

现代技术的问题：高风险性与技术鸿沟

现代技术的风险越来越高。数字技术对人、社会和产业的全方位深度介入，使得技术对人类和社会的影响力越来越大，同时技术的创造者和使用者被赋予了更强的能力，技术的不确定性和风险性正与日俱增。

现代技术造成了新的技术鸿沟。随着技术改造社会能力的提升，新技术带来的技术鸿沟的影响也将越来越大，这种技术鸿沟会造成新的不公平和更大的贫富差距。比如数字技术的发展带来了严重的数字鸿沟（Digital Divide）。数字鸿沟具体包括获取数字资源和接入数字应用差异导致的"接入鸿沟"，数字技术能力差异导致的"使用鸿沟"，以及数字原生资源差异导致的"原生鸿沟"。

数字鸿沟导致利益分配趋向不均等化，会产生比传统经济更严重的利益分配不平等和更大的贫富差距，尤其数字世界的资产比实体世界资产的创造和积累快 N 倍，源自数字原生的鸿沟（比如加密数字资产）会造成更为严重的差距和不公平。

技术伦理：技术公益、科技向善

"技术工具论"理念非常流行，很多人都会想当然地认为技术是中立的，它不好也不坏，它的好坏完全决定于使用者。这种技术工具论的观点实际上是相当危险的。如果技术是中立的，那么技术在设计、研发之初不需要任何价值伦理的制约，其结果就是技术在应用中的不公平性和潜在风险大大提升。

　　首先，我们要明确技术的价值导向性。只有树立这种价值伦理在先的技术观，才会有助于促进公共利益；只有具备社会责任感的技术研发，才会有助于积极的、应势而为的技术治理体系的出现。2018 年生效的欧盟《通用数据保护条例》（General Data Protection Regulation，GDPR）中指出，要将价值观纳入技术开发过程，确保技术开发反映社会整体的价值观，而不只是开发者的价值观……我们要积极全盘考虑技术开发各个阶段可能产生的道德、价值观和社会问题，因为这将大大影响技术整合和支持社会共同利益的方式。①

　　其次，我们要树立高度的技术风险意识。新技术与传统技术不同，它对人类及社会的介入越来越强，技术发展的不确定性也越来越强，因此我们必须对技术采取更加严格而谨慎的态度。比如随着强人工智能的到来，人类是不是会被人工智能统治；再如纳米材料等新材料可能对环境或人体健康产生负面影响，而当这些材料尚未广泛应用的时候，大众也许不会意识到技术潜在的负面影响。因此，我们必须仔细探讨技术的功能、应用、风险及其存在的任何不确定性。

　　最后，我们要将技术和公益有机融合。在技术快速发展的过程中，福利与危险紧密相连。危险的一面在于我们越来越不能够确定，某个追求是不是我们真正想要的，就像我们容易在网络（Cyber）空间的不断点击（click）中迷失方向。因此，我们应该把技术当作公共领域的一个"公事"，而不是技术工作者或企业的

①　克劳斯·施瓦布，尼古拉斯·戴维斯. 第四次工业革命［M］. 北京：中信出版社，2018：40.

"私事"，使得技术成为"赋能，而非支配"，未来应当"由人类设计，造福于人类"，技术应当"使价值观成为特点，而非漏洞"。①

技术反思：技术的目的是什么

技术已经把人类社会连点成网，使其高度颗粒化、具有高度关联性，我们已经相互链接，你中有我、我中有你，谁也离不开谁。在这个一荣俱荣、一损俱损的技术社会里，我们需要反思技术的目的是什么，并基于此建立起正确、积极、统一的价值观。

普罗塔哥拉（Protagoras）说："人是万物的尺度。"除人之外，一切都是手段。所有技术应该服务于人，让人过得更好，"人"才是技术发展的唯一目的。因此，我们必须遵循"以人为本"和"科技向善"的技术准则，并在这个共识的基础上将价值观付诸实践。

1.1.2　数字经济的认知

从技术的维度，我们可以将人类文明划分为农业经济时代、工业经济时代和数字经济时代。在时代变迁中，社会经济形态和商业形态不断地发生变化。

农业经济时代，主要的产业是农业，人们的劳动场所主要在田野。农业经济时代的生产是自然化的生产，人们依托大自然进行劳动生产，分工比较简单，劳动流程也是非标准化的。农业经济时代的信息流动主要依靠人或畜力这样的交通工具进行，社会

---

① 克劳斯·施瓦布，尼古拉斯·戴维斯. 第四次工业革命［M］. 北京：中信出版社，2018：40.

要素流动缓慢，社会的变化也相对缓慢。

工业经济时代，主要的产业是工业，人们的劳动场所主要在工厂。由于人们掌握了越来越多的科学技术，工业经济时代的生产开始体现出改造自然、掌握自然的趋势。生产过程呈现出机械化、自动化和专业化的特征，劳动分工也越来越复杂。工业经济时代的信息流动主要依靠火车、汽车、轮船、飞机等交通工具进行，社会要素加速流动，社会变化的进程也相应加快。

数字经济时代，人和物体正在不断地数字化，数字化的要素相互链接、互动协同，形成了一个巨大的数字化网络。数字社会主要的产业是数字产业（包括数字化产业和产业的数字化）。人们的劳动场所主要在网络、数字空间。人们不仅仅改造了自然，同时也打造了一个与现实世界平行的数字空间，数字经济时代的很多工作都与数字加工和传输相关。数字经济时代呈现出网络化、数字化的特征，劳动分工也日益复杂，更多行动是通过网络协同完成的。信息量单位从原先的原子变成了比特，信息流动瞬息就能实现，社会要素流动进一步提速，社会变化的进程也进一步加快。

数字经济时代与传统工业经济时代在生产方面有不同的特征，

农业经济时代	工业经济时代	数字经济时代
•劳动场所：田野 •主要产业：农业 •主要特征： 　分工简单 　非标准化 　分布式生产 　要素流动缓慢	•劳动场所：工厂 •主要产业：工业 •主要特征： 　链式分工 　机械化、自动化、专业化 　集中式生产 　要素流动加速	•劳动场所：网络、数字空间 •主要产业：数字产业 •主要特征： 　网式分工 　网络化、数字化、协同化 　智能、敏捷、分布式生产 　要素流动迅速

图4　从农业经济时代到数字经济时代的不同时代特征的演变

具体表现在新基础设施、新生产资料、新生产关系和新生产结构等方面。

农业经济时代生产的基础设施是土地，工业经济时代生产的基础设施是"铁公机"，包括铁路、公路、机场等。数字经济时代生产的基础设施则是 5G、数据中心、工业互联网、物联网、智能终端等。

农业经济时代的生产资料是锄头和斧头，工业经济时代的生产资料是石油，数字经济时代的生产资料则是数据。数据在基础设施之间流动，并在流动中创造价值。

农业经济时代的生产关系是人与土地的关系，工业经济时代的生产关系是人与工厂的关系。数字经济时代的生产关系是网，并且在区块链的技术驱动下，数字网络空间将形成去中心化的信息网络。

新基础设施
云、网、端

新生产资料
数据

新生产关系
链

新生产结构
大规模协同与共享

图 5　数字经济时代的新特征

在新的基础设施、生产资料和生产关系的基础上，数字经济时代全新的生产结构形成了，那就是基于网络的大规模协同与共享。在大规模协同与共享中，人和物都成为一个个颗粒，在线、相互链接、交互的颗粒，我们人类的生产和生活正在前所未有地关联起来。

1.2 新社会：你我高度关联的微粒社会

随着数字技术的涌现和数字经济时代的到来，整个社会数字化、颗粒化、精细化的程度不断加深。伴随着数字化发展进程，社会的颗粒化与精细化的进程仍在不断加速中。

德国知名社会学家、记者克里斯多夫·库克里克在《微粒社会》一书中提出了"微粒社会"的概念。微粒社会是对数字化时代一种新型社会形态的形象化描述，它描绘的是我们正迈向这样一个社会：所有的人和事物，都被数据精细地记录、分析和评价；我们每个人都像显微镜下的微粒一样，可以清晰地被看见、被识别，并且每一个颗粒都不一样。

库克里克认为，语言的产生、文字的发明以及印刷术的传播，每一个都决定性地改变了社会的粒度，并迫使人类对自我和世界形成了全新的认知。① 随着数字技术的深度发展，万物数字化，人类社会的可感粒度更是加速细化。

在数字技术的不断形塑下，所有的人和物都能被高度解析，从而产生了更高密度的、更详细的认知。就像我们手上的观察工具从光学显微镜变成了电子显微镜，我们的观察从微米级进入了纳米级，这将会从根本上改变我们的生活方式、我们的世界观以及我们对自身的理解。

在库克里克看来，随着微粒世界的到来，社会将兴起"差异

---

① 克里斯多夫·库克里克. 微粒社会［M］. 黄昆，夏柯，译. 北京：中信出版社，2018：12.

革命""智能革命"和"控制革命"。我们认为，在数字化微粒世界中，社会将呈现出一个有趣的悖论，即"高度差异化—高度关联性"。

1.2.1　高度差异化

随着社会数字化程度不断加深，个体间细微的差异被更深度地解析，我们能够观察人和物的维度越来越多，微观细节也越来越详细，个体的差异因此被放大。

我们在网络上订购房间，可能会发现同一家酒店、同样的房型、同样的入住时间，用不同价位的手机、不同的手机系统或有不同消费经历的账号搜索，会显示出不同的预定价格，这是互联网平台通过"千人千面"个性化推荐技术进行了差别定价，这也是所谓的"大数据杀熟"现象。"大数据杀熟"现象的背后是大数据技术对个体差异的深度解析与洞察。

未来，对群体需求的同质化服务，会越来越多地转向对差异化个体的高度差异化服务。当下几乎所有的互联网平台都做了"千人千面"的个性化推荐，这都"归功于"网络平台通过技术对用户进行了高度的差异化认知，并基于此将差异化的信息和服务提供给用户。这种高度差异化的服务可以提升效率、降低成本，也可以为消费者节省时间，但也会导致差别定价的"大数据杀熟"现象产生。

1.2.2　高度关联性

人类来到这个地球才 250 多万年，智人的出现只有不到 30 万年，但一些动物在地球上已经生存了几亿年，微生物甚至已经生活了几十亿年。在人类短短的几千年文明里，人类总想着去控制自然、改变自然。但在控制自然和改变自然的过程中，自然环境日益脆弱，生态不可持续，人类自身的生存危机出现。

人与人、人与自然、人与社会，本身就是相互关联的。但是在农业经济时代和工业经济时代，这种关联没有那么显著，或因模糊难以观察，或因复杂难以推断，或因滞后难以被意识到。因此，人类在地球上的生活显得粗放、鲁莽、单向度。

在数字经济时代，人与自然、社会的割裂状态将被彻底改变，整个地球所有的事物都紧紧关联在一起。随着社会各要素高度数字化，要素之间的链接将被重塑，未来人与人之间、人与物之间的关系将产生更加多元的链接和即时的协同。从此之后，人类将更加紧密地关联在一起，你中有我，我中有你。因此，从这个角度来看，当前出现的逆全球化只是一个暂时的现象，全球化的趋势是不可阻挡的。

数字化推动着社会高度差异化和高度关联，使得我们每一个人都相互关联、相互影响、相互协同。人不再是一个完全意义上独立的个体，他的存在是基于社会、公共的，因此人的生活必然存在公共性利益，这就是"公益"。所以公益慈善，不仅仅是对弱势群体的扶助，也不仅仅是对社会阶层裂痕的弥合，更是人类生存和发展的社会根基，也是人类社会可持续发展的精神所在。

公益慈善指向的是公共利益，它可以让我们保持警醒，并不断追问自己：我们到底需要怎样的技术、资本和企业？我们到底需要怎样的商业文明？怎样才能让社会变得更美好，让社会成为利益共享的社会？

1.3　新商业：从自利到共益，从共益到共富

在数字技术驱动的新时代，技术让所有的人和物连点成网，整个社会被不断地数字化、颗粒化和精细化，一个具有"高度差异化—高度关联性"的社会已经到来。在这个过程中，资本变得日益柔性化，企业也逐步从服务自身（股东）利益转变成服务利益相关者的利益，传统的"自利经济"开始向"共益经济"转变。

1.3.1　资本的新认知

什么是资本？资本是用于生产性投资的资金或资产，它的目的是获取收益。既然资本是为了获取收益而存在的，那么它必然是逐利的。

马克思在《资本论》的第一卷中指出："资本来到世间，从头到脚每个毛孔都滴着血和肮脏的东西。"马克思在《资本论》中提到的资本应该指的是资本主义社会的资本。但是，资本的诞生要早于资本主义社会的产生，农业经济时代的社会也有资本。"资本如果有百分之五十的利润，它就会铤而走险；如果有百分之百的利润，它就敢践踏人间一切法律；如果有百分之三百的利润，它就敢犯下任何罪行，甚至冒着被绞死的危险。"①

---

① 卡尔・马克思，弗里德里希・恩格斯．马克思恩格斯文集（第一卷）[M]．北京：人民出版社，2009：871.

如果说资本主义前期的资本积累确实是赤裸裸的，充满了暴力和血腥，那么资本主义社会发展数百年，资本经过百年的嬗变，资本向善已经成为新时代的风向标。良善资本更多考虑的是整体价值与长期价值，专注于社会更普遍的利益，为有利于社会普遍利益的创新承担风险，以此实现社会福祉。

资本为恶，让每个毛孔都充斥着血和肮脏；资本向善，令社会每块机体充满活力，繁荣鼎盛。资本向善，是通过投资让资本配置促进人、社会和自然的和谐发展。换句话说，资本向善背后的逻辑是资本创造价值不仅仅是为了自身，更是为了推动社会的发展。

资本向善概念的兴起，背后是全球影响力投资的兴起。2007年，美国洛克菲勒基金会提出了一个创新的理念：在追求财务回报的同时力求实现积极的社会效应，即影响力投资。影响力投资的本质在于用商业手段解决社会问题，兼顾社会效益和经济效益。在英美等发达国家，社会影响力投资市场正在形成，成立社会影响力投资机构、发行社会影响力债券、建立社会股票交易所等一系列措施已经相继落地。

1.3.2 企业的新认知

"好企业"是一个由历史演化得出的概念。几百年来，虽然企业"逐利"的目的不曾改变，但是企业的历史演变呈现出三个清晰的趋势：

首先，企业经营变得越来越"公共性"化。人们逐渐认识到企业不仅仅属于股东，也属于整个社会；经营企业不是"私域"

的事情，而是一个"公域"的行为。

其次，企业管理变得越来越人性化。用户和员工对于商业的重要性越来越高，企业越来越重视用户体验和员工的权益。

最后，商业模式变得越来越柔性化。资本向善，企业的商业模式也日益柔性化，商业不再表现得赤裸裸、血淋淋，普惠式模式和包容性增长成为企业商业模式创新的方向。

之所以企业会出现以上的特征演变，我们可以分别从政治经济学、技术发展特征和企业价值创造这三个视角来分析：

从政治经济学的角度进行分析，工人阶级为争取自身权益推动了企业的进步。正如 20 世纪左派领袖之一——切·格瓦拉所言："我们走后，他们会给你们修学校和医院，会提高你们的工资，这不是因为他们良心发现，也不是因为他们变成了好人，而是因为我们来过。"

从技术发展特征的角度进行分析，现代技术，尤其是数字技术带来的风险和潜在影响越来越大、越来越不可预测、越来越不"可控"。因此现代企业，尤其是高科技企业，都不能只从企业自身去考虑，不能只从技术及产品自身去设计，而应从社会公共利益和承担社会责任的层面去思考技术与产品的顶层架构。

从企业价值创造的角度进行分析，从工业经济时代到数字经济时代，企业价值创造的逻辑也发生了很大的变化。企业创造的价值更多的不是来自工人的体力，而是依赖于脑力、智力，依赖于基于数字化、智能化技术支撑的社会网络的协同创新。所以，企业从创造更多价值的角度出发，必然会更加关注员工、关注消费者、关注合作，寻求更多的社会性支持。

1.3.3 "自利"到"共益"

自利是传统商业文明的核心。"理性人"是传统经济学中最基本的前提假设。古典经济学之父亚当·斯密在《国富论》中指出：他追求自己的利益，往往使他能比在真正出于本意的情况下更有效地促进社会的利益。① 这种"仅关注自身收益的个人会在看不见的手的指引下，促进公共利益的发展"的理念成为经济理性人的价值导向。

基于"自利"的股东利益至上

"自利"的理性人假设体现在商业逻辑上的特征之一就是"股东利益至上"。现代货币主义理论创始人米尔顿·弗里德曼（Milton Friedman）曾认为："企业有且只有一种社会责任，那就是从事旨在提高企业利润的活动。""股东利益至上"的观点曾经是商业世界中最主流的观点，其他的利益相关者的利益只是股东利益的派生物而已。

"商业圆桌会议"（Business Roundtable，BRT）是一个由近200家美国最著名公司的首席执行官组成的高层议事团体。该团体一直旗帜鲜明地奉行"股东利益至上"的原则，也曾明确宣称"管理层和董事会的首要职责是对企业股东负责，其他利益相关者的利益是企业对股东责任的派生物"。

2019 年，BRT 发表了《企业宗旨声明》，表示放弃长期以来坚

---

① 亚当·斯密. 国富论［M］. 郭大力，王亚南，译. 北京：商务印书馆，2015：428.

持的"股东利益至上"原则，强调企业的社会责任，包括为员工提供公平薪金和重要福利、支持社区、保护环境等。这份由包括苹果、亚马逊、美国航空公司、摩根大通、沃尔玛、百事等181家企业行政总裁签署的声明称，美国企业有责任提供利益给所有相关者，包括客户、雇员、供应商、社区等，而不仅是投资者（股东）。

"共益经济"的崛起

企业不仅仅为股东（资本）负责，同时也为其所有的利益相关者服务，这样的经济形态可被称为"共益经济"。"共益经济"是一种新商业文明，它比传统的"自利经济"模式更文明、更高阶。

"共益经济"之所以可以被称为一种新商业文明，它的"新"具体体现在企业与人、企业与企业、企业与自然、企业与社会的关系等方面：

企业与人的关系。企业与人的关系，主要包括企业与员工和企业与消费者两种关系。在数字经济时代，企业的发展不仅不能建立在剥夺员工应有权利的基础上，反而要更多地激发员工的主观性和能动性，让员工更多地参与企业的经营管理，企业的组织结构也从"从上至下的管理"向"从后台向前线的赋能"转变。

在数字经济时代，企业和消费者建立了更为直接的互动关系，"客户"的概念转变为"用户"。以用户为中心成为企业的新经营观，用户甚至越来越多地参与企业的研发和生产等诸多环节，由此延伸出来的"C2M"模式正在重构很多企业的价值链和企业商业生态。

企业与企业关系。在传统的经济模式下，企业之间的关系无非以下三种：上下游供应链关系、同行竞争关系和没有任何关系。在数字经济时代，企业的边界被打破，行业的边界被打破，以网络协同与生态共生为特征的平台经济成为最重要的商业模式之一。

在数字经济时代，企业往往要么成为一个平台，要么离不开与一个平台的合作，比如阿里巴巴打造了一个全球领先的电子商务平台，同时也成为其他不少网络平台上的一个参与主体。在平台生态中，企业与企业之间的关系更多地体现为协同和共生关系。企业间相互合作，共同去面对和解决未来的不确定性，成为相互依赖、相互成就的命运共同体。

企业与自然的关系。在工业经济时代，机器的大规模使用大大拓展了人类的能力边界，让人类错误地认为人类是大自然的主人，人类的利益高于万物，也让人类产生了一种"人定胜天"的迷思。

这种"人类利益中心"价值观体现在企业层面，就是从过去对自然的恐惧、崇拜与依赖演变成否定自然、牺牲自然来满足企业发展需求的"企业利益中心"价值观。企业不惜通过大量消耗自然资源，甚至破坏自然生态，逃避环境治理成本，来谋取更多的经济利益。

在数字经济时代，每个人和每家企业都前所未有地被关联在一起，人们也日益意识到人和企业都是属于自然的，是生态环境中的一分子，我们应该尊重大自然、保护大自然，与自然和谐相处，建立人、企业与自然环境间的和谐关系。

企业与社会的关系。社会发展的目标是人类生活质量的提高、人自身的解放和全面发展等。如果基于企业"股东利益至上"的价值逻辑，企业唯一的社会责任就是对股东（资本）负责，企业自然不应该去承担与社会发展目标相关的责任，甚至可以在有利益冲突的时候，选择牺牲社会利益去换取企业自身的经济利益，比如将企业经济活动的外部负效应的成本转嫁给社会。

在数字经济时代，企业的边界不再那么清晰，企业的功能也在不断演化。企业是社会中的企业，它不能脱离社会而孤立存在。企业利益不能不受社会利益的约束，企业目标不能不受社会目标的约束，企业目标在某种程度上要服从于社会利益和社会目标。

综上所述，传统商业文明的"自利"体现在只关心企业主、股东、企业本身的利益；新商业文明的"共益"则体现在关心所有利益相关者的利益，包括员工、消费者、社会、自然等。传统"自利经济"向"共益经济"的转变是商业文明的又一次进步。

在"共益经济"商业文明中，越来越多的企业将在社会、技术和商业三个维度中创造出新的商业模式，找到"开辟式创新"之路。在这个"开辟式创新"中，企业将在创造商业价值的同时，也创造出社会价值。在"共益经济"商业文明中，越来越多的商业企业将朝着"共益企业""社会企业"即未来好企业不断进化。

1.3.4 从共益到共富

如果说共益经济是来自西方的舶来品，那么"共同富裕"则是中国特有的概念，是社会主义的本质要求。当下，共同富裕已经成为中国社会经济发展的新目标，成为中国式现代化的重要探索。

如果说从自利到共益是经济领域发生的现象，那么从共益到共富则是从经济到社会的系统性变化。因此，实现共同富裕是有关国家和社会发展的系统性战略。

共同富裕并不是简单的财富分配平均化，而是要求在保持经济持续增长的基础上，通过调整和完善收入分配制度，逐步缩小贫富差距，使整个社会的财富分配更加合理、更加公平。

为了实现共同富裕，国家不仅仅在经济政策上采取措施，在第一次分配、第二次分配和第三次分配上全面协同，还在教育、卫生、社保等社会领域采取了一系列措施。我们在乡村脱贫和乡村振兴领域已经取得了举世瞩目的成绩，我们正在努力建立健全社会保障制度，大力推进教育公平，加大慈善救济和帮扶力度，促进社会资源和机会更加公平与均等。

第 2 章
新时代新商业呼唤企业新公益

> 很多人误以为公司存在的目的是赚钱，这其实是公司存在的结果。企业真正存在的原因是一群人聚在一起，合力完成一己之力无法做到的事情——对社会做出贡献。
>
> ——吉姆·柯林斯（Jim Collins）

▼

2.1　企业公益的三大认知误区

企业是中国公益慈善事业最重要的主体之一。一直以来，中国民营企业捐赠始终稳定占企业捐赠总额的一半以上，是我国慈善捐赠的绝对主力。《2020 年度中国慈善捐赠报告》显示，我国内地接受款物捐赠共计 2086.13 亿元，企业捐赠为 1218.11 亿元，首次超千亿元。① 其中，民营企业的贡献占比 51.79%，达 630.84 亿元，比 2019 年增长 32.78%。

从慈善捐赠总量上来看，民营企业是中国企业公益慈善的主力军，但是从企业公益的参与度来看，民营企业参与公益慈善的比例还是比较低的。创业者和企业家对于企业公益的认知普遍存在以下

---

① 张世华．内地捐赠首次超 2 千亿元！《2020 年度中国慈善捐赠报告》发布 [EB/OL]．（2021-11-30）．https：//www.sohu.com/a/504586794_121119275．

三个误区：

2.1.1　误区一：社会问题的破解与企业无关

彼得·德鲁克将后工业社会的组织分为三个部门：第一个部门是公共部门，即政府；第二个部门是私营部门，即企业；第三个部门就是非营利组织，或称为社会部门。在中国公益慈善事业中发挥主要作用的，也主要是以上三大部门。为了论述上的统一，我们在这里暂且把非营利组织、第三部门、公益性社会组织、慈善组织等统称为公益组织。

第一部门——政府是解决社会问题的主体。政府主要通过制定和实施公共政策来解决社会问题，而且政府对于解决社会问题有着独特的优势。一方面，政府特有的权威性和强制力，能够强有力地推动相关政策的落地和执行；另一方面，政府有着强大的社会动员能力，能够整合足够多的资源来推动社会问题的破解。中国之所以能在脱贫攻坚事业中取得举世瞩目的成绩，主要是因为有中国共产党的领导和各级政府坚定而持续有力的推进。

由于政府多部门的行政体系，以及无竞争性和信息不对称等，政府在解决社会问题时，也存在着政府失灵的问题。经济学家吴敬琏教授指出：公共问题全靠政府去处理是很难行得通的。一方面，行政机构解决这些问题的成本往往高昂，而且容易促成关联交易；另一方面，政府所掌握的资源不足。政府的债务普遍高砌，政府付出了太大的成本，却仍旧不能解决所有的社会问题。①

---

① 吴敬琏教授于 2018 年 4 月在中欧国际工商学院（CEIBS）社会责任主题论坛暨《中欧企业社会责任（CSR）报告》发布典礼上的讲话。

第二部门——企业在解决社会问题方面，具备技术、组织、资源等方面的优势。改革开放以来，随着市场经济的发展，中国形成了一股强大的社会力量，那就是企业。市场在处理社会问题时有重要的价值，不少社会问题可以被纳入商业创新体系中，以技术创新、商业模式创新等方式来加以破解。当下，企业已经成为中国公益慈善的最重要主体之一，企业公益也逐渐成为推动中国社会进步的第三条道路。

第三部门——公益组织是为了解决社会问题而存在的。公益组织是专门从事公益慈善工作的组织，它也是解决社会问题的主体。公益主要解决的是市场失灵和政府失灵的问题，它能够灵活且柔性地应对各种社会问题。

由于长期以来中国国家和社会的高度统合，公益组织存在先天不足、发育不充分的问题。在中国公益领域中，组织体系最完备、资源最丰富、动员能力最强的还是官方公益组织，比如行政系统的红十字会、民政系统的慈善总会，以及共青团、妇联、残联下属的慈善基金会。然而这些官方公益组织也存在一些突出问题，比如由于沿袭行政体制，其组织行为与社会期待的功能存在一定的错位。民间公益组织普遍存在资源比较少、个头比较小、分布比较散、能力比较弱的现象，面对社会问题破解能力普遍有限，社会治理能力普遍不够，在公益慈善事业中发挥的作用还不是很明显。

新认知：商业是解决社会问题的有效方式，企业应该成为公益实践的重要主体

企业虽然是商业组织，以营利为主要目的，但从全球治理经验来看，解决社会问题的基本途径主要是由政府和市场来完成的，企业在现实中已经成为解决社会问题的最重要的主体之一。

2.1.2 误区二：企业通过回避社会问题来营利

改革开放以来，中国商业经济得到了长足的发展，但不少企业还处在急功近利阶段，追求快速致富和利润最大化，因此也出现了不少问题：

有的企业主认为企业唯一的责任就是经济责任，就是赚钱，就是为社会创造利润。不少企业主甚至会认为不污染环境，利润就少了；不生产伪劣产品、不欺骗顾客，钱就不好赚了。因此，不少企业通过制造社会问题或回避社会问题，来获取更多的利润。最后，企业获得了发展，代价却是对周边自然环境造成了严重的破坏，员工和顾客的合法权益受到了侵害。

随着中国经济从粗放式发展阶段进入高质量发展阶段，企业将告别野蛮生长，国家和社会对企业也提出了更高的要求。经济的高质量发展成为中国未来发展的重心，社会承担起相应责任成为新时代的新常态。高质量发展，就是要求以创新为动力，推动经济绿色环保、可持续发展，推动经济增长模式从粗放增长向集约增长转变，推动经济发展向结构更合理、附加值更高的阶段演化，让经济发展成果更多、更公平地惠及全体人民。

因此，通过制造或回避社会问题来实现营利的企业，和伤害其他利益相关者的权益的企业，不符合高质量发展的要求，这样的企业不是国家和社会所需要的企业。

新认知：企业通过为社会利益负责，实现"有意义的营利"

企业的社会性是企业自身可持续发展的 DNA。企业基业长青不是一个商业命题，而是一个社会命题。在不同时期，企业如能牢牢抓住时代的问题，与社会发展同频，将社会价值要素嵌入商业网络，通过承担社会责任，推动社会价值的创造，实现"有意义的营利"，那么企业就能与社会同频发展，成为穿越周期的长青企业。

2.1.3 误区三：企业公益是大企业的事

做企业公益是大企业的专利吗？

不少企业主会认为，自己的企业还太小，还不具备开展企业公益、承担相关社会责任的能力。其实这里面可能有一个认识上的误区，那就是很多人会认为做企业公益就是捐款捐物。

在传统的认知里，做公益主要是捐款捐物。捐款捐物确实需要企业有足够的实力，当然有很多企业不适合，尤其是尚处在创业阶段的企业。然而企业公益的形式是多种多样的，除了捐款捐物，企业还可以拿出时间去做志愿服务，可以提供技能来服务社会，可以结合企业核心资源和能力去做公益，甚至还可以在履行社会责任的场景中找到商机，在商业创新中履行社会责任。

商业和公益是不是有着泾渭分明的界限，这是公益界一直在讨论的问题。如果说我们要实现人人公益、企企公益，让每一个人和每一家企业都参与到公益中来，参与到社会问题的破解中来，那么公益的门槛就应该降低，可以让大家以更低的成本、更多元的方式、更"舒服"的状态来做公益。

春秋时期，鲁国人如果救赎被外卖为奴者回国，会有奖励。子贡救奴隶回来，放弃奖励，却被孔子大骂："这会导致更多的奴隶不能被救赎。"与之相对的是，子路救了落水者，安然受赠一头牛，孔子对此大为赞赏："鲁国人从此一定会勇于救落水者了。"他教学生也不是白教的："吾弟子三千，逢年过节，一人一束脩（一捆腊肉），所得无数，储蓄满室。"孔子给我们讲了这样的道理：做好事和获得回报并不是完全不兼容的，适当的激励机制也许会产生更好的效果——更多的人参与公益，公益能变得更加持久。

未来最具可持续发展能力的企业应该是与社会同呼吸、共命运的企业；未来最大的商业模式创新，应该是在解决社会问题的过程中产生的。在解决社会和环境问题的过程中发现商业机遇，在实现商业逻辑的过程中创造环境和谐、社会进步的价值。成为一家"义利兼得"的社会性企业，会成为越来越多企业的选择。

当下，中国特色社会主义建设进入了新时代。2021年国家出台的"十四五"规划也对扎实推动共同富裕做出了重大战略部署。2021年8月，摩根士丹利更是发布了重磅研究报告，指出中国正在重置设计经济的底层发展逻辑，共同富裕已经成为中国社会经济发展新目标。

"商业向善、资本向善、技术向善"成为中国新时代最鲜明的标志。"商业向善、资本向善、技术向善"不仅仅是一种价值观上的选择，具体到实践中，则成为创造巨大社会价值的方法论。在良善资本的驱动下，在技术向善价值观的指引下，企业一边做商业，一边做公益，在实现商业价值的同时，助力社会问题的解决，这也是中国传统文化所倡导的"义利兼顾"。

新认知：每个企业都可以做适合的企业公益

时代也正在呼吁更多企业通过合适的方式践行企业公益，在实现商业价值的同时，助力社会问题的解决。"只有富有爱心的财富才是真正有意义的财富，只有积极承担社会责任的企业才是最有竞争力和生命力的企业。"这应该说的就是"共益企业"和"社会企业"——未来的好企业！

2.2 重新认识企业的合法性基础

2.2.1 为了所有者或股东利益

米尔顿·弗里德曼（Milton Friedman）在 20 世纪 60 年代提出的"企业唯一的社会责任就是为股东创造价值，除此以外，做其他任何事情都是在浪费股东的钱"观点，曾经是商业社会中最被普遍接受的价值观。在传统的"自利经济"价值导向下，企业存在的唯一目的就是维护企业所有者或股东们自身的利益，如果还有其他的利益取向的话，那才是企业不道德的行为。

当下，即使对于还在为生存而努力的创业企业，"只为股东创造价值"似乎也不是最主流的观点了。企业唯一的社会责任是为股东创造价值的观点，已经和主流价值观格格不入了。

2.2.2 为了利益相关者的利益

"股东利益最大化"这种自利主义、中心主义的价值导向，与企业互利共生的生态价值导向相悖，基于这种价值导向，企业是无法处理好与内外部利益相关者的关系的。

2014 年，阿里巴巴在纽交所上市。上市仪式结束后，美国电视台 CNBC 的《华尔街直播室》（*Squawk on the Street*）栏目专访马云，主持人大卫·法柏（David Faber）提出的第一个话题就是华尔街很难理解阿里巴巴价值观中的"股东第三"。

基于传统的资本逻辑，上市公司为股东创造最大化的利益是天经地义的。但从商业经营的逻辑而言，没有客户的认可，企业的产品与服务就无法转化为价值，股东也没法享受企业发展带来的收益。没有员工的价值创造，也就没有股东的价值回报。因此，服务好客户、员工等利益相关者应该是企业存在与发展的必然选择。

彼得·德鲁克（Peter Drucker）认为，盈利能力本身不是企业经营的目的和理由，只是企业经营活动的结果好坏的检验标准。企业的目的不在于自身，而是存在于企业本身之外，存在于社会之中。正如德鲁克在《卓有成效的管理者》一书中指出："一个组织绝不能像生物一样，以自身的生存为目的，仅仅把能够延续后代视作成功。组织是社会的一种器官，只有能为外部环境做出自己的贡献，才能算有所成就。"作为一个社会组织，企业应该关注其在社会中的角色，关注更大范围内的利益相关方群体。[①]

企业的"利益相关方群体"，指的不仅仅是顾客、员工、股东，还包括供应商、合作伙伴、社区、政府、社会、环境等。"利

---

① 彼得·德鲁克.卓有成效的管理者［M］. 许是祥，译. 北京：机械工业出版社，2009：17.

益相关方群体"或"利益相关者"（Stakeholder）一词最早可以追溯到 1984 年，罗伯特·爱德华·弗里曼（R. Edward Freeman）在《战略管理：利益相关者方法》一书中明确提出了这个概念。弗里曼认为利益相关者是能够影响一个组织目标的实现，或者受到一个组织实现其目标过程影响的所有个体和群体。

公司的发展离不开各利益相关者的参与和价值投入，企业要为所有利益相关者的整体利益而努力，而不仅仅是为了某些主体的利益。"利益相关者"概念颠覆了"股东利益最大化"这一传统经济学理论基础。

与传统的"股东价值至上"相比较，"利益相关者"理论无疑突破了传统狭隘的价值观，有利于创业者和企业家以更高的格局去看待企业的战略生态位，关注企业和其他利益相关者和谐共存、协同发展，关注如何通过战略实施实现利益相关者的利益共赢。

2.3　重新认识商业和公益慈善的边界

公益慈善和商业是有界限的。为了"利益勾兑"的慈善捐赠，让公益慈善的面目变得狰狞可怕；为了企业营销而进行的"公益营销"，会伤害公益慈善事业。公益慈善和商业不是界限分明的。如果把公益慈善行为界定为纯粹的资源和财富转移，比如捐钱捐物，那么很多企业和企业家就被排除在公益慈善之外，公益慈善就只是一部分企业和企业家的专利了。

如果仅从捐赠的角度来看，中国的企业参与公益慈善的比例是很低的。根据《中国企业社会责任建设蓝皮书（2010）》披露，中国现有的 1000 万家企业，已经进行过慈善捐献的企业仅约 10 万家，占企业总数的 1%，而美国这个比例为 89%。[①]

造成中外企业参与慈善捐赠比例差异的原因是多方面的，包括企业在市场经济中的实力和地位不同、中外慈善文化不同、企业外部制度环境不同、企业对确定性的预期不同等。因此，在中国经济社会发展的"小生境"中，企业的公益慈善必须跳出传统的捐赠行为，构建出更大的认知视域。

我们一方面不把公益慈善与商业混淆边界，另一方面也不把公益慈善仅仅局限于纯粹的捐赠，而是应建立一种互利型的慈善理念，也就是建立起"企业的公益慈善行为是可以与企业自身发展相协调"的认知观。那么这必将推动更多的企业以更多元化的方式参与到企业公益中来，大大提高企业参与公益慈善的比例。

2.3.1　在实现企业利益的同时，为社会做贡献

菲利普·科特勒在《企业社会责任》一书中提道："我心中伟大的企业是那些致力于挣钱并解决社会问题的企业。"[②]

随着社会的发展，越来越多的企业和社会大众都意识到企业不能仅仅考虑自身的利益，还需要考虑社会的利益，在为企业创造价值的同时，也需要为社会创造价值。这个"社会"可以理解成客户，也可以理解为民众、社区和更为广泛的社会。传统的社

---

① 黎友焕，刘延平，编. 中国企业社会责任建设蓝皮书（2010）［M］. 北京：人民出版社，2010：59.

② 菲利普·科特勒，南希·李. 企业的社会责任［M］. 姜文波，译. 北京：机械工业出版社，2011：序言.

会责任理念割裂了企业商业价值和社会价值之间的关系，在当下显得非常不合时宜。

"实现企业利益的同时也为社会做贡献"的观点是企业的一种双重使命观和互利观。不做纯粹的自利，也不做没有持续性的利他，成为越来越多企业的价值选择。从商业本质而言，没有互利，就没有交换；没有交换，就没有分工；没有分工，就没有商业。

2.3.2 在解决社会问题的同时，获得商业回报

未来最伟大的企业都是在解决社会问题中产生的。社会问题就是痛点，痛点就是商机。解决痛点，是任何商业的价值基础。解决越大的社会问题，企业的价值和发展空间就越大。

有"硅谷钢铁侠"之称的埃隆·马斯克（Elon Musk）已经成为硅谷创业的新风向、新标杆。在马斯克创业的 10 多年的时间里，其涉足的领域覆盖了电动汽车、自动驾驶、太空旅行、超级高铁、隧道交通甚至是脑机接口，创办或投资了 PayPal、特斯拉、SpaceX、Neuralink 等多家全球知名的明星公司。这个庞大的商业版图，让马斯克成为全球最知名的商业领袖之一，也让他位于全球富豪榜的前列。其实马斯克创立的这些企业都瞄准了影响人类社会发展的根本性问题，在助力社会问题破解的同时，开辟了巨大的商业版图。

历史上，地球已发生过 5 次物种大灭绝，每一次都有大量的物种灭绝。历史上的物种种类曾有数亿之多，但经过科学家鉴定和统计，今天地球上的生物，只剩下几百万种。科学家根据历史做

过推演，推断出未来 5000 万年内，很有可能再发生一次地球物种大灭绝。马斯克认为，面对这种情况，我们需要为人类这个物种做一份复制，于是他产生了一个疯狂的想法，那就是要帮助 100 万人移民火星。于是，马斯克在 2002 年投资成立了 Space X，致力于发展火箭发射技术，推动火星移民计划，尝试建立地球以外的人类生存空间。

面对地球能源的枯竭、环境的恶化、交通的拥堵，如何发展新能源和新交通技术，让地球的能源和生态可持续，这方面的努力变得极富战略意义。2004 年，马斯克投资 630 万美元掌控了专门研发生产新能源汽车的特斯拉公司（Tesla），之后马斯克在新能源上疯狂投入。事实证明特斯拉大大推进了全球新能源汽车的研发和生产的进程。2016 年 12 月，马斯克被堵在路上，于是他发推特说：“堵车快把我逼疯了！我要造一台隧道挖掘机，开始挖隧道”。不到 1 小时，这个项目被正式命名为“The Boring Company”，而在 2 小时后他再次发推特：“我们真的要开始挖隧道了。于是，为了解决地面交通拥堵问题的“无聊公司”（The Boring Company）正式成立了。

马斯克和霍金、比尔·盖茨等人一样，对人工智能技术保持着深深的忧虑和危机意识，甚至认为这项技术已经成为人类最大的存在性威胁。马斯克曾发推特称，人工智能的潜在威胁大于核武器。由于担心快速迭代的人工智能技术超越人类的能力，最终使得人类被人工智能控制，2016 年，马斯克成立了 Neuralink 公司，希望通过人机接口增强大脑的认知能力，赶上 AI 进化的脚步。

回望过去十几年内马斯克成立的公司，我们可以发现这些商业化的努力都在积极响应或力图解决影响人类当下或未来长期生存的社会问题：气候变化、环境恶化、地球依赖、人类退化、人工智能失控。解决这些问题无疑是极具挑战性的，也彰显着社会担当和社会公益性，对这些问题的创新式破解，也为商业打开了巨大的想象空间。因此，我们应不被表面的表象诱惑，一层一层拨开事物的表象，去抓住影响人类社会发展的本质问题，再用科技创新的方式去解决问题，商业价值及回报反而成为在解决问题中自然实现的副产品。解决的社会问题越大，商业副产品的价值也就越大！

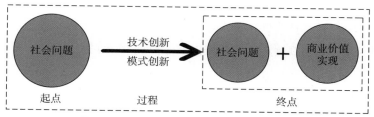

图 6　企业参与破解社会问题的过程逻辑

2.4　重新认识企业社会责任

每家企业的经营都需要占用社会公共资源，社会环境的好坏同样会影响企业的发展。企业和社会共生共荣，企业经营不是私事，具有强烈的社会属性。因此，企业不能脱离社会而存在，要承担起对社会的责任，也就是履行"企业社会责任"。

2.4.1　什么是企业社会责任

"企业社会责任"的概念源自西方发达国家，随着中国市场经济的发展，这个概念也传到了中国。

学术界公认的完整意义上的"企业社会责任"（Corporate Social Responsibility，CSR）的概念最早是由英国学者欧利文·谢尔顿（Oliver Sheldon）于1924年在《管理的哲学》一书中提出的，谢尔顿认为"企业社会责任不仅要满足企业经营者，也要满足企业内外各种人需要的责任，还应当包括道德责任"。

1953年，"现代企业社会责任之父"——美国经济学家霍华德·R.鲍恩（Howard Bowen）在其著作《企业家的社会责任》中将企业社会责任明确定义为：经营者的社会责任即经营者根据社会标准和价值观制定政策、做出决策并采取行动的义务。

经过几十年的发展，"企业社会责任"已经形成一个相对成熟的理论体系。随着中国市场经济的发展，企业社会责任的概念也传到了中国。承担企业社会责任，有利于消解资本与公众、企业与消费者之间的矛盾，是建构企业和社会和谐关系的一种基本思路。

2.4.2　企业要承担社会责任

1）企业社会性的要求

无论在哪个时代，无论在企业发展的哪个阶段，企业永远无法抹杀社会性的特征。企业的发展离不开社会资源的支持。企业发展的前提是利用了社会的大量资源，企业在生产经营过程中可能会对社会和环境造成负面影响或负担。

企业必须为它利用社会资源，对社会和环境造成的影响和负担做出相应的补偿。这种补偿的要求，不仅仅会来自政府的法规，也会来自社会公众的期望，而且这种要求与期待随着社会发展将不断提高。

2）企业公民的要求

企业也是一个个体，它像公民一样，有公民权利，也有公民责任。如果企业只顾自己的利益，不顾环境，不管员工，这样的企业就不是一个合格的企业公民，也不会得到社会的尊敬。

约翰·埃尔金顿（John Elkington）认为拥有"企业公民"身份和资格的企业有三个股东：一是自然环境，二是社会，三是投资人。企业经营者的真实身份是受托于这三个股东的"公民CEO"，他的经营行为是确保三个"出资人"同时受益，而不是为了股东利益的最大化而牺牲其他，即实行企业的"三重盈余"绩效模式。①

企业公民是有能力去承担相关的责任的。企业是一个有能力的公民。企业是社会经济与财富的创造者，也掌握了大量社会资源，因此有能力承担起相应的社会责任。

企业公民具有强大的创新能力去破解社会问题。大量社会问题的破解需要创新意识和创新能力，企业家精神就是最好的社会创新源泉。

企业公民有责任提供数字公共基础设施的服务。数字时代的

① 约翰·埃尔金顿. 茧经济：通向企业公民模式的企业转型 [M]. 庞梅丽，译. 上海：上海人民出版社，2005：2.

社会创新非常依赖数字公共基础设施（Digital Public Infrastructure，DPI）的建设。DPI 是让人们在数字空间参与社会公共生活的基础设施。当下，很多 DPI 服务往往是由商业技术平台提供的。因此，提供 DPI 服务的相关科技企业更是有责任为社会问题的破解提供相关技术平台和技术能力的输出。阿里巴巴的码上公益平台、链上公益计划等都逐渐成为为公益组织和民众提供参与互联网公益的渠道的数字化基础设施。

3）企业社会责任的积极效应

首先，企业社会责任能带来积极的外部效应。"为众人抱薪者，不可使其冻毙于风雪。"承担社会责任的个人和企业会具有良好的口碑和声誉。企业通过参与公益慈善活动展现企业形象，不仅能更好地寻求与社会公众的共鸣，增进政府、社区、公众等社会各界对企业的认知，为企业树立起良好形象和口碑，也能非常有效地打开消费者市场。另外，企业在承担社会责任，协助政府解决社会问题、推动社会进步的同时，也在构建一种良性的政企生态关系。

"十年国货无人问，一朝捐款天下知！"2021 年河南突如其来的洪涝灾害，牵动着每一个人的心。7 月 21 日，鸿星尔克宣布向河南灾区捐赠 5000 万元物资。7 月 22 日，鸿星尔克的话题冲上微博热搜。网友纷纷心疼鸿星尔克："感觉快倒闭了，还捐这么多。"根据电商平台的数据，7 月 22 日晚，鸿星尔克直播间有超过 200 万人参与扫货，上架一款抢空一款，一时之间成了"国货之光"。7 月 23 日凌晨 1 点，鸿星尔克董事长吴荣照赶到直播间，向网友致谢并呼吁网友理性消费。

90 后、00 后新生代正在成为网络消费的主力，他们对企业形象、企业社会责任的要求比上一代人更高。如果说上一代人关心产品"值不值"的话，90 后、00 后则更关心产品"好不好"。很多年轻人愿意为做好事的企业"站台"、买单。如果企业做了某些不符合年轻人价值观的事，他们会在网络上吐槽该企业，甚至联合抵制该企业的产品。

其次，企业社会责任能带来积极的内部效益。企业履行社会责任能起到提高员工的工作满意度、忠诚度和组织认同度的作用。密歇根大学罗斯商学院讲座教授普哈拉（C. K. Prahalad）的研究表明，有四分之三的新进人员在挑选雇主时，会把企业社会责任列为重要标准。员工如果对雇主在这些议题上的表现感到满意，就会乐于在该公司工作。因此，致力于承担企业社会责任的公司，能够更容易地雇用并留住出色而有责任感的人才。[①]

2.4.3 企业要承担哪些社会责任

企业到底要承担哪些社会责任？学界和业界先后提出了同心圆模型、金字塔模型、ESG 框架和三重底线模型，为社会责任提供了多元化的分析视角。

1）同心圆模型

1971 年，美国经济发展委员会（Committee for Economic Development，CED）在《商业企业的社会责任》报告中指出"企业应该为美国人民生活质量的提高做出更多贡献，而不仅仅是提供产

---

① 苏德中，王宜骄．企业的社会责任有什么用？［EB/OL］．（2020-02-18）．https://36kr.com/p/1725120315393.

品和服务的数量"，同时提出了分析企业社会责任的"三个同心圆"模型。

内圆代表企业的基本责任，即为社会提供产品、工作机会并促进经济增长的经济职能；中间圆是指企业在履行经济职能时，对其行为可能影响的社会和环境变化要承担责任，如保护环境、合理对待雇员、回应顾客期望等；外圆则包含企业更大范围的促进社会进步的其他无形责任，如消除社会贫困和防止城市衰败等。

图 7　"三个同心圆"企业社会责任模型（1971）

2）金字塔模型

1979 年，阿奇·卡罗尔（Archie Carroll）提出了企业社会责任的四要素，即经济责任、法律责任、伦理责任和慈善责任，形成了企业社会责任金字塔模型。在卡罗尔看来，这些责任要素不是按顺序完成的，而应该是同时完成的。"对企业负责的企业应该要努力做到创造利润、遵守法律、有道德并且成为一个好的社会公民。"

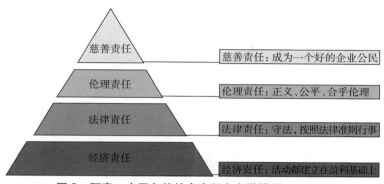

图 8 阿奇·卡罗尔的社会责任金字塔模型（1979）

3）ESG 框架

ESG 概念是联合国环境规划署于 2004 年提出的，得到各国监管机构及产业界的广泛认同。ESG 是环境（Environmental）、社会（Social）和公司治理（Governance）的缩写，它的核心理念是企业经营活动不应仅追求经济效益，而应同时考虑环境、社会责任和公司治理等多方面因素，从而实现企业可持续发展。

ESG 评估是从环境、社会及公司治理的角度去审视企业，成为衡量公司和机构是否具备足够社会责任感的重要标准。它区别于传统财务指标，是一种新兴的企业评价方式。

企业通过编制和发布 ESG 报告，可以系统梳理、分析所面临的各种责任风险，推动企业提升和改进内部管理；有利于将企业可持续发展战略贯彻实施于各项工作中；有利于满足各利益相关方的需求，提升企业形象和影响力。

环境（Environment）
环境因素包括企业或
政府行为对于气候变
化、废物管理、能源
使用效率提升的贡献

社会（Social）
企业与政府、员工、
客户、债权人及其
他社会利益相关者
之间的良性互动

公司治理（Governance）
公司治理活动，以及股东
结构、董事会构成、高管
薪酬、企业行为正当性和
企业制度

图 9　ESG 框架三维度示意

ESG 框架的现实意义体现在 ESG 实践和 ESG 投资两个方面。ESG 实践针对企业自身在环境、社会责任和公司治理方面所做的努力和改变。ESG 投资是将 ESG 相关因素纳入投资评估中，在传统财务分析的基础上，通过 E、S、G 三个维度考察企业中长期发展潜力。

当前我国 ESG 发展尚处于起步阶段，据《中国 ESG 发展报告（2021）》显示，A 股上市公司发布 ESG 相关报告（包括《可持续发展报告》《社会责任报告》）的数量持续增加，截止到 2020 年，共有 1130 家企业披露 ESG，占 A 股上市公司 26.9%。①

4）三重底线模型

1997 年，约翰·埃尔金顿在《拿叉子的野人：21 世纪企业的三重底线》（*Cannibals with Forks：The Triple Bottomline of 21st Century Business*）一书中提出了企业社会责任的三重底线模型。他在书中指出，企业经营要实现经济底线、环境底线和社会底线的有机

---

① 王大地，孙忠娟，等 . 中国 ESG 发展报告（2021）［M］. 北京：经济管理出版社，2022：57–58.

统一。三重底线是社会对企业的最低要求，满足了最低要求的企业才具备存在的合法性。

社会责任
对其他利益相关方
担负的责任

企业
三重底线

经济责任
对全体股东的回报
及诚信纳税

环境责任
维护和改善生态
环境的责任

图 10　约翰·埃尔金顿的三重底线模型（1997）

在埃尔金顿看来，在企业要承担的社会责任要素中，经济责任、环境责任、法律责任都是被动的、消极的要素，也就是必须遵守的，而自行裁量的责任则属于主动的、积极的要素。基于此，"企业慈善""企业公益"应属于自行裁量的责任范畴，比经济责任、环境责任、法律责任更为积极、主动。

2.5　重新认识企业公益慈善

公益慈善是一个与社会责任相关的概念，是一个更有民众认知基础的概念。那么公益慈善与社会责任有什么区别吗？

2.5.1　公益慈善与社会责任的差异

企业社会责任更多的是国家和社会对企业的要求或期待，是一个防御性的概念，体现为尽量减少企业经营管理对社会资源的滥用或破坏。企业公益慈善则是一个积极的概念，体现为利用企业资金和资源创造社会价值。

社会责任作为舶来品，在国际上已经有了一整套的衡量标准和体系，中国在政策层面上也在积极推动，中国企业社会责任报告越来越多，报告总量应该超过了世界上任何一个国家，但是社会责任的实践进展和实际效果却不尽如人意。这背后有很多的原因，其中一个原因是社会责任概念和体系源自国外的实践提炼，应用在中国情景中需要相关的"转译机制"和"本土创新"。

2.5.2　公益慈善：积极的社会责任

公益慈善属于企业自行裁量的责任要素。企业从事公益慈善，是一种积极地、主动地承担社会责任的方式。因此，公益慈善并不是每家企业都必须做的。我们可以在社会层面大力倡导企业公益慈善，建立相应的政策机制进行积极引导，但不应该用"公益慈善"这一道德准则去"绑架"企业。

随着社会的发展，我们也相信越来越多的企业不会仅仅停留在防御性的社会责任层面，而是更多地通过企业公益慈善，更积极地履行社会责任，社会也会因此而变得越来越美好。

2.5.3　公益与慈善的差异

在日常生活中，我们有时会把"公益慈善"笼统地定义为"帮助他人或社会的一种善的行为"。很多时候我们会不加区分地使用"公益"和"慈善"两个名词，但"公益"和"慈善"的内涵是有所不同又相互包含的。

"慈善"的概念非常早就存在了。在中国古代，儒家经典《论语》就提出了"仁者爱人"的理念,指出:人应该具备仁爱之心,关心他人的福祉,尽己所能去帮助和照顾弱势群体。在中国,这种关注弱势群体和倡导行善积德的思想流传已久,对中国的慈善文化产生了深远的影响。

与"慈善"相对应的英文单词有"charity"和"philanthropy"两个。它们都可以翻译为"慈善",但它们在英语中有不同的用法和含义。"charity"可翻译为"慈善",主要是指通过捐助、赠予、义卖等形式给予贫困、弱势群体或遭受不幸的人物质和经济援助的行为,更注重个别的、短期的帮助。"philanthropy"可翻译为"慈善事业",它通常是通过捐赠、投资、创立基金会等长期的支持和积极参与社会事务来实现的,更强调解决根本问题、推动社会变革。"charity"和"philanthropy"两个单词都有宗教背景,可以认为,西方背景下传统慈善的驱动机制主要是宗教和道德伦理。

中国民间的"慈善"概念同时受到中国古代"仁者爱人"思想和西方宗教背景"基督之爱""爱人类"思想的影响,更多地体现为"因为慈悲心、同情心、爱、救赎、信仰之类的感性因素而把自己的东西拿出来",侧重于捐款、捐物的救济性行为。慈善的主体是有资源的个人或团体,其内在的慈悲心诱发外在的善举,主要模式是有资源的一方向资源匮乏的一方提供帮助,很多时候是以资源单方向流动和转移的形式完成的。

"公益"是现代社会的产物,源自公民社会、现代市场经济。"公益"的英文可对应为"public welfare",其原意是"公共福利",可引申为"建立有公众利益的事业",侧重于所有参与者的共同利益,强调公民参与社会的自我治理。公益并非单方面的施予，而是共同参与和创造。

综上所述，慈善和公益都是为了社会福祉而做出的行为，但它们的本质不同。慈善是一种基于人道主义和爱心的行为，是为了帮助弱势群体或解决特定的社会问题而进行的行为，其重点是解决个体或个别问题。而公益则是更广泛的、面向整个社会的行为，它是基于社会责任和义务而进行的，其重点是维护公共利益和解决社会问题。

在 2016 年发布的《中华人民共和国慈善法》和 2022 年 12 月全国人大审议的《中华人民共和国慈善法（修订草案）》中，慈善已经被定位为"大慈善"，这是一次巨大的慈善理念的升华。《中华人民共和国慈善法》第三条明确规定了慈善活动的内容，将慈善的范围扩大到教育、科学、文化、卫生、体育、环保和符合社会公共利益的活动领域。因此我们可以说，随着中国慈善事业的发展，慈善的含义已经得到了有机拓展，其中也包含了公益的概念，公益成为一种具体形式的慈善。

2.5.4　企业慈善与企业公益

安格斯·迪顿（Angus Deaton）在《逃离不平等》一书中指出："对撒哈拉以南非洲国家的真实援助效果或许能够给我们更多的启示……从过去到现在，有巨量的援助资金流入了非洲，但是，如果援助真的有助于经济发展，那么非洲的经济便早就不该是今天的样子。"①

———————————

① 安格斯·迪顿. 逃离不平等 [M]. 崔传刚，译. 北京：中信出版社，2014：324.

企业慈善事业，更多的是直接以捐款捐物的形式帮扶弱势群体或欠发达地区。企业慈善与企业业务无关，最多与品牌形象有关。

"授人以鱼，不如授人以渔。"企业公益可结合企业业务及能力，探索出一条基于企业核心业务和核心能力的公益模式，真正实现企业和社会"共享价值"。

当地震、水灾等重大灾害发生之时，阿里巴巴都第一时间积极参与捐款、捐物。但更多的情况则是阿里巴巴结合公司的业务及能力，广泛参与环境、安全、扶贫、养老、助残等社会公共性议题，努力为社会带来微小而美好的改变，实现"天更蓝、心更暖"的愿景。

2.6 阿里巴巴企业公益模式：ORT 模式

阿里巴巴在多年的企业公益实践过程中，逐渐形成了较为清晰的关于企业公益的实践模式。我们将之概括为 ORT 模式：导向（Orientation）+路径（Route）+目标（Target）。

企业公益 ORT 模式：以"公益心态+商业手法"为行动导向，以"社会问题+商业能力"为实践路径，以"创造共享价值"为实践目标。

2.6.1 导向（O）："公益心态+商业手法"

"公益心态"指的是企业抱着解决社会问题的目的去做公益，而不是为了企业商业的目的。如果初心是公益，那么商业的价值只是自然而然产生的副产品；如果初心不是公益，那么企业公益行为本质上还是商业行为。

"商业手法"指的是企业公益的项目、活动的方案设计要基于商业化思维，实现公益的可持续化。商业化的思维，包括思考项目的服务对象是谁、项目的核心价值是什么、项目的盈利模式是什么、项目的运营模式是什么及项目合作伙伴有哪些等。明确这些商业模式的核心要素，可以让企业公益项目清晰起来，为后续的可持续发展奠定基础。

在现实中，也有企业以"商业心态+公益手法"为价值导向，把公益当作生意，把公益做成了营销，这必定会对公益事业造成巨大的伤害，同时也非常不利于企业的品牌形象及企业的可持续发展。

2.6.2　路径（R）："社会问题+商业能力"

在具体的企业公益实践中，阿里巴巴的实践路径可以归纳为："（锚定）社会问题+（结合）商业能力"。

针对日益严峻的电信网络诈骗社会问题，2019 年阿里安全部门（CRO）联合相关技术团队，经过半年的研发，推出了"钱盾反诈机器人"，旨在破解电信网络诈骗"劝阻难"的难题，让劝阻第一时间触达正在被骗的受害人，提升反诈劝阻成功率。根据不完全统计，"钱盾反诈机器人"上线的 2 个月里，覆盖 5 种高发诈骗类型，累计预警 43.3 万人次，覆盖全国 32 个省，共挽回百姓损失超过 2.1 亿元，劝阻成功率超 97.7%，劝阻拦截失败率下降 34%。

中国的 2800 多个县（市、区）有美丽的风光和很多优质的农产品，但很多地方没有品牌或品牌影响力弱，制约了当地旅游的发展和农产品的推广。2020 年,阿里巴巴设计部联合阿里公益推出"寻找远方的美好"公益项目,旨在通过整合集团设计的专业能力,做县域品牌整合设计,特别是帮助提升欠发达地区的农产品市场竞争力,增加农民收入,同时结合保留乡村淳朴特色的设计来延续逐渐被丢失的中国民间传统文化,为建设中国的美丽乡村贡献一份社会力量。第一批试点落地陕西宜君、吉林汪清和江西寻乌等县域,其中陕西宜君县通过提升农产品整体包装设计,苹果零售价平均每箱提升 3 元,溢价 10%~20%,统计预估帮助当地增收高达 3000 万元。

无论阿里巴巴推出的"钱盾反诈机器人"项目,还是"寻找远方的美好"项目,无不牢牢锚定当前社会真实存在的问题,并紧密结合企业(部门)相关业务能力,从中寻找出企业公益实践的行动方案。

2.6.3 目的(T):"创造共享价值"

阿里巴巴以"公益心态+商业手法"为行动导向,以"社会问题+商业能力"为实践路径,最终的目的是实现社会和企业的价值共创和利益共赢,因此"创造共享价值"(Creating Shared Value,CSV)可以说是阿里巴巴企业公益的实践目标。

"共享价值"这个概念是舶来品,转换成中国老话就是"义利兼顾"。有义的利才有价值,有利的义才能持续。创造"义利兼顾"的"共享价值"成为阿里巴巴创新公益的目的。

"创造共享价值"这个概念是哈佛商学院教授迈克尔·波特(Michael Porter)和 FSG 咨询公司联合创始人马克·克瑞默(Mark

Kramer）在一篇名为《创造共享价值》的文章中提出来的。阿里巴巴在企业公益的实践中，也在潜移默化地践行着"创造共享价值"的理念。

无论"企业社会责任"还是"创造共享价值"的理论体系，都来自西方企业的管理实践，其话语体系和实践逻辑与中国国情、企情并不完全一致，因此我们在实践中完全套用"企业社会责任""创造共享价值"理论框架不一定合适。中国企业应该在广泛吸收西方先进理论的基础上，在实践中探索并总结出有中国特色的企业责任模式，最终形成能指导中国广大企业践行企业公益的方法论体系。

在阿里巴巴的企业公益实践中，ORT模式又具体体现为：以利益相关者为服务对象，有效响应了为谁公益的问题；"文化为本、商业为根、技术为器"的企业公益方法论，有效响应了如何公益的问题。本书在阿里巴巴企业公益实践方法论的基础上，提炼出了企业公益的"钻石模型"，希望能为中国广大企业的公益实践提供指导性行动框架。

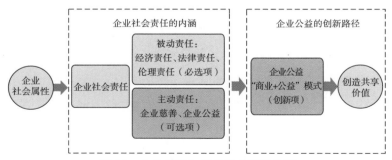

图 11　企业公益与相关概念逻辑关系

实践篇
企业为谁公益

每一个组织都是社会的一个器官，而且也是为了社会而存在的。作为一个社会组织，企业应该关注其在社会中的角色，关注更大范围内的利益相关方群体。

——彼得·德鲁克（Peter Drucker）

第3章
利益相关者的分析框架

> 公司治理结构将认可法律和互相协商赋予利益相关者的权利，并且鼓励企业和利益相关者在创造财富、工作机会和持续推动企业财务健康等方面积极合作。
>
> ——经济合作与发展组织（OECD）

3.1 什么是利益相关者

企业公益的对象是谁？

企业公益首先要确定合适的公益对象，才能确定合适的公益议题。新商业文明是一种"共益经济"模式，企业不仅要为股东负责，还为其所有的利益相关者服务，这种经济形态我们也称为"利益相关者经济"。

"利益相关者"指的是与企业生产经营行为和后果具有利害关系的群体或个人。弗里曼提出的"利益相关者"概念为企业公益对象提供了很好的分析框架。"利益相关者"理论认为任何一个企业的发展都离不开各利益相关者的投入或参与，企业追求的是利益相关者的整体利益，而不仅仅是某些主体的利益，企业的公益对象理应倾向于企业的利益相关者。

美国经济学家玛格丽特·M. 布莱尔（Margaret M. Blair）在《所有权与控制：面向 21 世纪的公司治理探索》一书中指出，如果公司的运行仅仅只是为了股东的利益，那么它对整个社会未必是最有意义的。[①] 公司不仅要注重利润，对股东负责，还要关注其他利益相关者的需求，并对他们负责。越来越多的利益相关者观点和企业实践的涌现，推动着企业由追求企业股东权益的最大化，逐步转向实现利益相关者价值的最大化。吴敬琏教授在 2018 年"中欧社会责任主题论坛"中倡导以"共益企业"推动"商业向善"，他指出，如果越来越多的中国企业家愿意重新定义成功，在追求商业价值的同时将履行社会责任贯穿于企业经营的各个环节，越来越多的机构和个人愿意参与推动企业在制度、评估认证、理念倡导等维度的全方位发展，那么这样的趋势将对中国经济和社会的发展起到深远的积极影响。[②]

负责任的企业是关注利益相关者的权益的企业，企业经营致力于实现利益相关者共赢。利益相关者群体都希望组织在制定战略决策时，能优先考虑他们的诉求，以便让自身利益最大化。但是，不同主体的相关利益和诉求存在很大的差异，有时甚至是矛盾的。对于企业而言，应该对利益相关者进行有效的分类。

---

① 玛格丽特·M. 布莱尔. 所有权与控制：面向 21 世纪的公司治理探索 [M]. 张荣刚，译. 北京：中国社会科学出版社，1999：11.
② 吴敬琏. 吴敬琏改革文选 [M]. 上海：上海三联书店，2021：472-475.

3.2　利益相关者的分类

基于关系的依赖度，从近至远进行划分，可以将利益相关者划分为核心利益相关者、协同利益相关者和社会利益相关者。

核心利益相关者：用户、企业员工、股东等。

协同利益相关者：产业链的合作伙伴（供应商、渠道商、平台供给方等）。

社会利益相关者：政府、环境等。

基于企业公益的角度，企业公益更多的是为公共利益服务的，更多地与"弱势""公平"等议题相关。股东处于相对"强势"的地位，企业为股东创造利润，但不需要为股东做公益；企业可以为员工创造更多的福利和成长空间，这更多地属于企业人力资源管理中的"薪酬福利"模块，与公益也不是强相关的。因此，股东、员工等利益相关者不属于企业公益的重点关注对象。

阿里巴巴企业公益的实践探索，也主要从核心利益相关者（用户）、协同利益相关者（合作伙伴）、社会利益相关者（政府、环境等）的立场出发，找到他们的痛点和问题，并思考如何从商业资源和业务能力出发，设计相关的企业公益项目，为他们提供公益服务。

表1 企业公益对象分析

| | 核心利益相关者 | 协同利益相关者 | | 社会利益相关者 | |
	以用户为代表	合作伙伴	政府	社区	环境
关注点	1. 用户在工作和生活中碰到的问题 2. 让弱势用户群体更好地使用产品或服务 3. 让弱势用户有更多的获得感、幸福感 4. 尚未被满足的用户需求	1. 合作伙伴碰到的问题和痛点 2. 合作伙伴的品牌影响力 3. 合作伙伴对用户利益的促进	国家战略方向,政府号召(往往是重大社会问题)	1. 本地区的志愿服务工作 2. 专业技能的本地化服务	1. 产品及服务中与环境相关的环节 2. 环境保护的议题
社会价值点	扶弱济贫,助力公平,让社会更加公平公正,更加有温度	扶弱济贫,助力公平,让社会更温暖	协助政府破解社会问题利痛点	为本地区提供服务	天更蓝、水更绿,环境更可持续
商业价值点	1. 企业品牌美誉度提升 2. 用户体验提升,用户忠诚度提升	1. 更好的商业生态环境 2. 企业品牌形象提升	1. 良好的政企关系 2. 良好的社会口碑	1. 良好的在地关系 2. 本地归属感增强	1. 企业品牌形象提升 2. 企业产品、服务的推广
公益路径	公益项目或产品、服务的创新	通过公益项目为伙伴赋能	通过公益项目助力重大社会问题的破解	员工公益	公益项目或产品、服务的创新

3.3　案例：驰援抗疫，服务利益相关者

2020 年，疫情给中国经济和社会带来了极大的冲击。政府、企业、社会组织都积极行动起来，阿里巴巴也积极行动起来，充分调动企业的业务和能力优势，保障核心利益相关者（用户）的生活和工作、学习的需要，发布商家帮扶计划助力生态伙伴共克时艰，同时利用技术能力协助政府进行智慧抗疫，为社会物资采购和流通提供了强有力的支持，为抗疫做出了积极的贡献。

3.3.1　为核心利益相关者服务

阿里巴巴最核心的业务是电商板块（淘宝、天猫等）和本地生活板块（饿了么、盒马、天猫小店等），这两大板块和百姓的日常生活消费密切相关。疫情期间，阿里巴巴电商和本地生活各业务单元，通过各种措施，积极保障防护物资价格稳定，保证粮油米面等居民日常生活物资的供应，确保居民生鲜供应"不打烊、不涨价、不断货"，并通过平台外卖员为居民生活物资的配送开辟专门通道。

截至 2020 年 3 月底，本地生活事业部和电商平台联合 500 多家品牌商户，累计向 37 座城市、182 家医院送出近 50 万份爱心餐。

图 12　天猫超市员工为武汉医疗工作者配餐

本地生活事业部为本地医护人员提供餐饮服务

（1）饿了么启动"医护关爱计划"。2020 年 1 月 26 日，武汉饿了么启动"医护关爱计划"，截至 2 月 6 日，在短短的十几天时间里，饿了么快递员为武汉医院送餐累计超过 2 万份，超过 30 家饿了么餐饮商户积极参与。到 2 月 8 日，饿了么联合全国 406 家品牌商户，在全国 25 座城市、65 家医院，累计送出超过 42111 份爱心餐，覆盖湖北、山东、云南、四川、广东、陕西和上海多地。

（2）盒马鲜生提供"免费餐食"。2020 年 1 月 26 日起，盒马鲜生开始免费为武汉红十字会医院、武汉第六医院提供每天 300 份早午晚餐，为武昌区 21 家医疗单位每天供应饮用水、方便面、自热食品等物资 3144 份。1 月 27 日起，盒马鲜生又承接了浙江卫健委支援武汉的团队、上海支援武汉医疗组的部分餐饮供应工作。

图 13 饿了么快递员为武汉医疗工作者送餐

电商平台为保障疫情物资供应而行动

（1）禁止坐地起价、发国难财。在口罩等防护物资紧缺的时期，阿里巴巴要求在淘宝和天猫平台上销售口罩、消毒液等防护用品的商家绝不允许涨价，涨价者永久清退。在天猫平台的号召下，到 2 月 2 日，据不完全统计，已有超过 100 家商家为抗击疫情捐赠了共计近 20 亿元的现金及物资。

（2）加大农产品销售力度，打通上下行通道。淘宝上线"吃货助农"频道，消费者在淘宝 App 上搜索"吃货助农"4 个字便能直达，不但帮助消费者采购到了物美价廉的产品，同时也帮助大量滞销的优质农产品拓展了销路，第一批来自山东、四川、浙江、辽宁等 6 省的 10 款滞销优质农产品上线，上线仅 3 天时间，销售量就超过了 300 万斤。

提供在线学习、办公支持，保障用户复学复工

突发性的疫情给正常的学习和企业办公带来了前所未有的挑战。孩子无法去学校，学习怎么办？企业不能复工，不复工企业就经营不下去，怎么办？阿里云和钉钉看到了这个问题，技术工程师们加班加点，战斗在技术抗疫一线，不断创新和优化相关产品，为学生在线学习、企业复工复产提供强大的技术支持。

（1）支持在家上课。2020 年 1 月 25 日，钉钉发布"在家上课"计划，将"在线课堂"功能免费开放给全国大中小学使用。

（2）支持在线办公。2020 年 1 月 29 日，为满足企业、教育机构、医疗机构和政府机构的在线办公需求，钉钉紧急开发了"员工健康"功能，建立高效的员工健康信息收集系统，实现了组织管理在线化、数字化。同时钉钉也推出了一系列在线办公解决方案，在抗疫期间免费向 1000 多万家企业开放了全套"在家办公"系统。

（3）支持健康打卡。2020 年 2 月 8 日，钉钉企业复工平台正式上线，该系统打通了员工健康打卡和企业复工申请，能帮助企业管理者一站式完成员工健康情况的每日收集和复工申请的处理。

图 14　钉钉联合优酷发起"在家上课计划"，向社会免费开放在线资源

面对在线学习、办公需求的集中井喷，钉钉紧急扩容 2 万台服务器承接流量洪峰，以保障数亿学子和上班族在线学习、办公的稳定、流畅。在这场全民"战疫"行动中，阿里云和钉钉脱颖而出，以产品和服务升级、商业模式创新，承载了全国超过 5000 万学生在家上课的需求，服务了超过 2 亿人的居家办公，有力地促进了市场的快速拓展。2020 年 2 月 5 日凌晨，在苹果手机端应用商店和 Mac 电脑端应用商店，钉钉下载量均跃居第一名。

3.3.2　助力协同利益相关者

突发的疫情危机，让阿里巴巴很多商业伙伴的业务碰到了困难。如何通过技术和平台的力量创造价值，让更多的伙伴企业和阿里巴巴一起挺过危机，甚至能在"危"中找到"机"，活得更好，成为阿里巴巴平台抗击疫情最主要的议题！

2020 年 2 月 10 日，阿里巴巴与蚂蚁金服发布《阿里巴巴告商家书》，推出六大方面 20 项特殊措施，扶助中小企业发展。阿里巴巴推出的六大举措旨在支持和鼓励全国疫情较重地区中小企业的发展，包括减免平台商家经营费用、提供免息低息贷款、开放灵活就业岗位、补贴快递物流、提供数字化服务、支持远程办公等。

继推出 20 项商家扶助举措后，各业务板块先后公布了各板块帮扶商家的细则：

（1）淘宝、天猫提供特别扶助贷款。2 月 11 日，淘宝、天猫公布相应细则：设立总额 200 亿元、为期 12 个月的特别扶助贷款。商家在网商银行申请贷款后，可享受 8 折贷款利率。

（2）菜鸟发布 15 项细化措施。2 月 11 日，菜鸟发布了面向供应链和物流行业的 15 项具体落实措施，帮助商家和快递物流业打赢疫情中的经济仗。其中包括补贴商家发货和快递揽收、降低商家仓储成本、给予跨境物流补贴、开放数字化供应链产品、启动人才共享计划等。

（3）1688 出台 17 项保障举措。2 月 11 日，1688 出台金融服务保障、经营赋能保障、流量扶持保障、规则调整保障、商家服务保障共五类 17 项举措，联合生态合作伙伴，全力支持中小企业在疫情期间的顺利运营。

（4）饿了么和口碑提供专项扶持资金。饿了么和口碑向全国部分连锁餐饮企业提供总额 10 亿元的专项扶持资金，以疏解餐饮企业运营成本压力。

3.3.3 响应社会利益相关者议题

2020 年的抗疫之战，是数字技术第一次大范围应用于应对公共卫生事件。阿里云充分发挥数据、计算等方面的技术优势，一方面推动了疫情防控技术的发展，另一方面也推动了相关产品在应对危机时的创新及市场应用。

"健康码"赋能全国疫情防控

2020 年的春节长假结束后，返程、返工、返校人员的流动给疫情防控带来挑战，精准防疫成为有序复产复工的前提保障。2020年 2 月 9 日，浙江省杭州市余杭区率先在支付宝上推出"健康码"，而后于 2 月 11 日推广到杭州全市，对市民和拟进入杭州的人员实施"绿码、红码、黄码"三色动态管理。"健康码"的上线，打破了原本纸质路条孤立、静态的信息存储方式，实现了动态追踪、异地互信。2 月 17 日，浙江成为全国首个"健康码"全覆盖的省份，随后一周，"健康码"迅速推广至全国 200 多座城市，成为疫情期间保障经济社会运转的基础工具。

图 15　疫情期间，"健康码"成为人员流动的通行证

"健康码"得以迅速推广的前提是码引擎的成功开发。码引擎宛如"健康码"的大脑，指挥红、黄、绿三码的判断和实时发放，其开发既要考虑全国各地的巨大差异，又要确保结果的高度准确，还要与疫情"赛跑"，过程颇为不易。阿里云技术团队在浙江省政务云的基础上，通力协作，72 小时持续攻坚，开发出"健康码"引擎，并通过钉钉和支付宝两个端口呈现，打通了全民健康打卡和企业复工申请平台，运用数字技术赋能疫情防控和安全复工。

智能防疫小程序助力社区防疫

疫情期间，社区是疫情防控的最前线，社区面临着前所未有的防控压力。2020 年 2 月 10 日晚，民政部基层政权建设和社区治理司司长陈越良建言互联网企业："能不能开发一个服务社区抗疫的软件？这比捐十个亿还管用。"当晚，阿里云在微博上回应这一建议，称"我们已经准备好了"，并拿出了一款免费的社区智能防疫小程序，向全国所有社区免费开放。

社区智能防疫小程序由阿里云与支付宝、钉钉联合开发，在开通后，社区一线工作人员可以利用支付宝、钉钉等 App 在线完成居民出入登记、健康打卡、疫情通知等工作，有力地支持了社区一线的疫情防控工作。

随着社区智能防疫小程序在社区的推广，阿里云也顺利进入到社区治理的场景，并且为参与智慧社区、未来社区的项目建设做了有益的探索与尝试。

图 16　社区智能防疫小程序和支持服务社群

阿里云+达摩院+阿里健康：加速病例诊断和疫苗研发

2017 年 10 月，阿里巴巴正式宣布成立达摩院。达摩院是一家致力于探索科技未知，以人类愿景为驱动力，立足于基础科学、创新性技术和应用技术的研究院。疫情的暴发给达摩院的科研按下了快进键，达摩院的科研人员从 AI 算法开始为全球抗疫提供技术解决方案。

（1）开放 AI 算法，助力疫苗研发。2020 年 1 月 29 日，达摩院宣布向全球公共科研机构免费开放阿里云的 AI 算法，助力药物和疫苗的研发。该算法可将原来耗时数小时的疑似病例基因分析缩短至半小时，不仅能够有效防止因病毒变异产生的漏检，还能精准检测出病毒的变异情况，为药物与疫苗的研发提供了有力支撑。

（2）提供 AI 诊断技术，助力全球抗疫。疫情发生后，达摩院算法专家顾斐博士立即奔赴浙江省疾控中心，第一时间针对病毒基因进行特征分析，并推出多个算法模型。在序列比对过程中，达摩院对算法增加了分布式设计，有效提升比对效率；在病毒序列拼接阶段使用分布式设计的 de Bruijn 图算法，对变异病毒也能精准检测。2020 年 2 月 1 日，浙江省疾控中心启动自动化的全基因组检测分析平台，利用阿里达摩院研发的 AI 算法，可将原来数小时的疑似病例基因分析缩短至半小时，大幅缩短了确诊时间，并精准检测出病毒的变异情况。2 月 15 日，AI 诊断技术再次升级，可以在 20 秒内准确地对疑似案例 CT 影像做出判读，分析结果准确率达到 96%，大幅提升了诊断效率。2020 年 3 月，在日本 JST（日本科学技术振兴机构）、JBC（日本医疗科技机构）等机构的协同努力下，达摩院的 AI 诊断技术开始向日本各家医院提供服务，帮助医生通过 CT 影像快速进行筛查，从而缓解基层医院医生的压力。截至 2021 年年底，AI 诊断技术正在为包括日本在内的数十个国家的抗疫工作提供技术和经验，全球超 550 家医院采用达摩院 AI 诊断技术对疑似病例进行 CT 影像诊断。

（3）开发智能疫情机器人，为公众提供线上服务。达摩院的几十个工程师彻夜加班，用 5 天时间推出了智能疫情机器人，提供网上智能问诊服务。2020 年 1 月 27 日，"浙里办"App（浙江省政务服务应用程序）上线了专门的公共服务与管理平台，在这个平台提供服务的是达摩院最新研发的智能疫情机器人。借助卫生部门提供的知识包，达摩院团队让机器人学习了与疫情相关的专业知识。从此，对于什么情况下需要就医、都有哪些定点医院、如何选用口罩、怎么检查口罩的气密性等问题，机器人能瞬间帮我们解决。上线第一天，"浙里办"的网上智能问诊服务的用户咨询解决率超过 92%。在抗疫期间，智能疫情机器人还同时支援了黑龙江、山东济南等地。

3.3.4　抗疫副产品

企业通过调动自身的资源与力量参与社会公益事业，这是企业承担其社会责任的表现，也体现了企业的社会担当。通过结合企业核心业务、发挥核心能力，企业参与社会公益事业，不仅能为国家和社会分忧，同时也能取得很多积极的"外部效应"，有一些是意料之中的，比如良好的社会声誉与品牌口碑，有一些也许是意料之外的。

问题就是需求，需求就是创新的源头。阿里巴巴坚持认为：社会痛点就是业务起点。一个突发事件往往会让社会失调、失范，突发的疫情也让中国社会和各个领域涌现出大量的问题。面对问题，有人看到的仅仅是问题，而创新者看到的往往是机会。

问题集中涌现的时刻会制造灾难，同时也是创新的最佳时机。在重大的灾害事件面前，阿里巴巴不置身事外，更不发国难财，而是直面问题，思考如何以"商业+社会"的逻辑解决问题，在解决问题的过程中找到发展新机遇、创造商业新逻辑、打磨新商业模式。阿里巴巴全力投入疫情之战，源自一种责任和担当，同时也将从危机背后"在线化、数字化、智能化"的变革趋势中长期受益。

疫情期间，线下零售业是受疫情影响最大的行业之一，开展线上"直播带货"无疑成为最好的选择。淘宝直播紧紧抓住冲击带来的业务拓展机遇，推出各项助力店铺和品牌开展直播的措施，疫情以来在淘宝直播新增的商家数同比暴增。钉钉也加速推动教育行业数字化，2020 年 3 月钉钉工作日的日均活跃用户数达到 1.55 亿个。在钉钉上，每个工作日平均有超过 100 万个活跃教室，一举奠定了其在中国在线教育领域中的领先地位。

阿里巴巴在抗疫期间的贡献，使其获得了来自国内外的诸多认可和荣誉。2020 年 5 月，阿里巴巴荣登浙江日报集团颁发的"大爱浙商"抗疫英雄榜。2020 年 8 月，在武汉举办的"2020（第十四届）中国品牌节"年会上，作为优秀责任企业，阿里巴巴获颁"抗疫奖"。2020 年 9 月，第六届《财富》杂志"改变世界"榜单出炉，凭借数字化抗疫中的突出贡献，阿里巴巴位列第二，排名榜首的是全球近 200 家疫苗研发机构。另外，中国国家博物馆也收藏了"阿里式抗疫"的足迹，入藏国博的藏品不仅有阿里巴巴的抗疫物资，还包括阿里云研发的全国"健康码"引擎第一行代码（国家历史博物馆历史上首次收藏代码）。

《财富》主编 Alan Murray 在发布"改变世界"榜单时指出："公司持续创新，既能获得商业上的成功，同时又承担社会责任、解决社会难题。只要做得对，商业可以提供巨大的社会价值。"阿里巴巴在疫情期间的快速响应、积极担当，不仅收获了来自政府的表彰和新闻媒体的宣传报道，同时也在响应社会需求、承担社会责任的过程中，不断逼促着阿里云、钉钉、阿里健康、盒马鲜生、饿了么等相关业务与产品持续地创新迭代。

第4章
为核心利益相关者服务的企业公益

企业社会责任与销售收入和运营质量……没有相关关系，但与组织声誉直接正向相关。①

——石军伟

4.1 什么是核心利益相关者

4.1.1 核心利益相关者

企业核心利益相关者主要包括用户、企业员工、股东等。正如上一章节所分析的，股东属于相对强势的角色，企业员工属于企业人力资源相关的角色，因此企业公益对象的重点不是股东、员工。

用户是企业存在的基础，为用户提供优质的服务是企业存在和发展的前提。企业通过公益的形式，为用户提供更多的关怀，切实帮助到用户，这对企业而言也是一个很重要的维护用户的工作。

---

① 石军伟，胡立君，付海艳. 企业社会责任、社会资本与组织竞争优势：一个战略互动视角——基于中国转型期经验的实证研究 [J]. 中国工业经济，2009，260（11）：87-98.

企业用户，指的是企业提供产品或服务的对象，包括 C 端用户（个人）或 B 端用户（企业等组织）这两种形态。阿里巴巴用户不仅包括个人 C 端用户，而且包括商家用户、企业用户、政府用户等 B 端用户。

本书中的用户公益更多关注的是 C 端用户，即个体消费者。我们将企业公益的个体对象大致归纳为三种类型。①弱势群体：老年人、小孩等都属于相对弱势的群体。②障碍群体：使用企业产品或接受企业服务不方便的用户，不仅仅包括残障用户。③全体用户：企业产品或服务所覆盖的所有用户。

4.1.2　用户公益创新

2021 年 2 月 28 日国家统计局发布的《2020 年国民经济和社会发展统计公报》显示，中国手机上网人数达 9.86 亿人。阿里巴巴 2022 财年报告显示，阿里巴巴生态体系全球年度活跃消费者（AAC）已超过 13.1 亿人，其中超过 10 亿人来自中国零售市场、本地生活和数字媒体及娱乐平台，约 3.05 亿人来自海外。①

阿里巴巴旗下有多款面向消费者的 App 和小程序，其中淘宝等 App 已经属于国民级的应用。阿里巴巴在推进用户公益的工作中，围绕着弱势群体、障碍群体和全体用户三种用户类型，思考企业产品或服务能否为弱势群体提供更多权益，能否为障碍群体提供无障碍服务，能否帮助全体用户解决痛点问题，进而创造性地提出企业针对用户的公益方案，同时也重新塑造了企业产品与

---

① 阿里巴巴集团.阿里巴巴 2022 财年年报［R］.2022：10.

市场的关系。

企业针对用户开展相关公益行动，可以从三种用户类型出发创新相关公益方案：为弱势群体提供更多权益；为障碍用户提供无障碍服务；为全体用户解决痛点问题。

4.1.3 分析框架：创造共享价值（CSV）

迈克尔·波特和马克·克瑞默在《创造共享价值》一文中开门见山地指出"资本主义制度陷入了四面楚歌的境地。近年来，企业日益被视为引发社会环境和经济问题的罪魁祸首。人们普遍认为，企业的成功是以牺牲社会公众的利益为代价的"①。

波特和克瑞默提出的"共享价值"，指的是能够提高企业竞争力，同时改善企业所处的社会和经济环境的政策和实践。创造共享价值是一个企业和社会共赢的方式，能有效平衡企业的自利性与利他性，既能面向社会问题的解决，又能结合企业的价值创造，最终形成商业和社会共赢的局面。

波特和克瑞默希望通过创造共享价值这个新理念和新方式，为企业承担社会责任打开一条与社会和解和共赢的新路径。为此，波特和克瑞默也指出可以基于三种视角去制定创造共享价值的策略：

第一，基于企业产品（服务）的创造。

企业通过为社会提供产品或服务，来满足市场和用户的需求，从而也确定了企业产品（服务）与市场（用户）的关系。

---

① 迈克尔·波特，马克·克瑞默. 创造共享价值［J］. 哈佛商业评论，2011（7）.

企业产品（服务）与市场（用户）关系的重新建构，可以通过以下两种方式来实现：

（1）基于现有产品（服务）服务新用户（尤其是弱势群体）或新市场（尤其是底部市场），进而确立新的关系。

（2）基于现有的平台或产品（服务）创造出一个新的产品（服务），通过新的产品（服务）确立新的关系。

这种新关系是可以让企业和社会同时受益的。

第二，基于企业价值链的创造。

企业的价值链包括采购、设计研发、生产、销售、宣传、消费与服务等一系列活动。企业通过其中某个价值链环节的创新，可以有效地应对某个社会问题，同时让企业受益。

基于价值链创造共享价值的方式，可以通过以下两种方式来实现：

（1）通过企业某个价值链环节来解决相应的社会问题，进而提高企业的生产力，创造出共享价值。比如，减少运输货物所耗费的能源，通过使用可循环原料来减少对环境的污染，等等。

（2）通过重塑与合作伙伴的关系，创造出社会与企业的共享价值。如和上下游合作伙伴合作，一起开展公益与社会创新活动，为社会解决问题，同时为合作伙伴赋能。

第三，基于企业服务地区的创造。

任何企业都无法独立存在，它的发展和成功离不开本地资源的支持。企业服务地区，促进本地资源的优化配置和社会发展，反过来又能加深企业和所在地区的联系，为企业营造更好的发展环境。

基于企业服务地区创造共享价值的方式，可以通过以下两种方式来实现：

（1）企业用技术与资源支持本地社会医疗、教育、文化等领域的建设，必将有助于企业员工获得更好的社会服务，企业发展获得更好的资源。

（2）企业志愿者利用自身技能参与本地社区服务，有利于提升员工的成就感，也有利于企业在本地有更好的支持性环境。

创造共享价值理论可以帮助我们更好地指导企业在核心利益相关者领域的公益实践，有助于我们更好地洞察企业用户公益的创新机理。

4.2　弱势群体：用户公益，为弱赋能

弱势群体是那些依靠自身的力量或能力无法保护个人权利或维持最基本的生活水准，需要国家和社会给予支持与帮助的社会群体。弱势群体包括老年人、儿童、残疾人、单身妈妈、精神病患者、失业者、贫困者、进城务工人员等人群。

每一个企业都有其擅长的技术与业务能力，也具备一定的资源条件。因此，企业通过结合业务和资源，充分发挥自身能力，为社会弱势群体提供支持，保护他们的合法权益，必将有利于提升他们的获得感和幸福感。

4.2.1　案例："团圆"系统，让天下无拐①

社会痛点：人口拐卖是一个严重的全球性问题，任何拐卖事

---

① 案例来源于阿里巴巴 2017 财年橙点公益榜 15 强项目信息。

件都将对一个家庭造成沉重打击。丢孩子的父母大多一生无法安宁，许多父母自己走街串巷找，上网发帖，实地发传单、贴海报，甚至不远千里四处探寻，但结果往往不尽人意。

公益实践：阿里巴巴志愿者团队针对公安部打拐办案的需求，特别开发了"团圆"警务协同程序，便于全国一线打拐民警即时上报各地儿童失踪信息，并充分发挥互联网和大数据的力量，及时、有效地解救被拐卖的儿童。

商业价值：将公益行为本身和企业的核心能力直接关联，通过互联网技术，搭建起公安部门、网络平台、民众之间高效的协同体系，做人人都可参与的公益好产品。

2015 年年末，公安部和阿里巴巴取得联系，希望能通过互联网和大数据技术，打造一个群防群治的打拐协同作战系统。

2015 年 11 月，"团圆"系统开始进行产品原型设计，阿里巴巴共计有 39 名技术人员和 239 名员工志愿者参与其中。2016 年 5 月 15 日，"团圆"系统正式上线，马云非常高兴，当天发了一条微博："互联网打拐，阿里巴巴为有这样的同事而骄傲。请大家关注这个平台，愿天下再没有被拐的孩子！"

什么是"团圆"系统

"团圆"系统，全名为"公安部儿童失踪信息紧急发布平台"，是由公安部刑事侦查局打拐办与阿里巴巴共同发起、创立的寻找被拐儿童的平台，由阿里巴巴无偿提供技术支持。

这个系统的运作模型是：当发生儿童失踪或被拐案件时，关联人立即向当地派出所报案，派出所打拐民警立案并审核，打拐民警登陆钉钉"团圆"系统上传案件资料，随后，钉钉系统向事发地坐标特定半径内的民警、巡警及淘宝、支付宝、微博等众多应用的用户推送全民协查消息。

根据时间决定推送信息的半径

关于推送半径，"团圆"系统也有具体的数值，主要是根据失踪时间来定的。信息推送范围以儿童丢失地点为圆心，失踪时间在 1 小时以内的，推送给半径 100 千米范围内的警察和民众；失踪 2 小时以内，推送给半径 200 千米范围内的警察和民众；失踪 3 小时以内，推送给半径 300 千米范围内的警察和民众；失踪时间超过 3 小时，推送给半径 500 千米范围内的警察和民众。

失踪寻回定向"动员"

在"团圆"系统的开发过程中，高德的工程师们研发出了独家的 LBP 技术（基于位置推送技术），和传统的信息推送技术相比，该技术目标更加精准，效率更高。基于这项技术，"团圆"系统可通过各个接入的移动应用 App，向儿童失踪地周边人群定向推送失踪儿童信息。

"团圆"系统一出来，包括中国国家应急广播在内的 25 个 App 积极响应，接入了这个信息发布系统，自愿成为正义能量的传播渠道。截至 2019 年，高德地图、手机淘宝、支付宝、百度搜索、腾讯 QQ、360 手机卫士、滴滴出行等众多 App 都已经接入系统，覆盖用户量达 9 亿以上。

图 17 "团圆"系统接入了来自中国数十家科技企业的 25 款超级 App

"团圆"系统大家庭

（1）寻亲地图。2017 年 9 月，公安部物证鉴定中心与高德地图共同发布"寻亲地图"，"团圆"系统升级增加"滴血寻亲"功能。寻亲家庭可通过高德地图搜索"寻亲"，一键导航至附近的警方 DNA 免费采血点，将血样录入 DNA 系统，通过血样比对，帮助更多失散的孩子和父母团聚。

（2）团圆小程序。2019 年 11 月，面向公众的团圆小程序上线支付宝，小程序开发的"一键报警""预防走失""滴血寻亲"等功能，帮助失踪儿童的家长快速报案，帮助新生儿家庭预防儿童走失，帮助离散多年的家庭运用 DNA 技术免费"滴血寻亲"，全方位为寻亲家庭提供贴心服务。

"团圆"系统的成效

在 2017 年公安部举办的"团圆"系统上线 1 周年暨 3.0 版本

**图 18　"团圆"系统三驾马车：团圆小程序、
"寻亲地图"、团圆公益大家庭**

上线发布会上，"团圆"系统交出一份漂亮的成绩单：截至 2017 年 5 月 15 日，累计推送信息 1100 亿条，将近 5 亿人次接受过推送信息，发布失踪儿童信息 1317 条，找回 1274 人，找回率 96.74%。这是过去通过传统手段打拐以及寻找失踪儿童时不可想象的。

为了让更多家庭团圆，阿里巴巴技术人员、志愿者们与打拐民警一起做到"5+2，白+黑"24 小时随时修补系统漏洞，不断进行升级改造。截至 2021 年"团圆"系统上线 5 周年纪念日，失踪儿童的找回率也在 5 年间不断攀升，从上线之初的 89%，到上线一年的 96.74%，再到上线 2 年的 97.6%，上线 5 年更是达到了 98%。

"团圆"系统形成了统一的互联网打拐协同作战平台，整合民间碎片化力量，让每一位用户都可能成为发现拐卖线索的关键人，使得传统的封闭、低效的小众反拐变成了开放和高效的数字化全民反拐。科技加上群众力量，正义能量不可限量。

4.3　障碍群体：用户公益，有爱无碍

中国互联网协会将"信息无障碍"定义为任何人（无论健全人还是残疾人，无论年轻人还是老年人）在任何情况下都能平等地、方便地、无障碍地获取信息、利用信息。[①] 随着科技的发展，科技产品在服务大众的同时，也形成了一个个技术接入与使用的障碍。

科技企业要利用自身的科技研发能力、技术产品能力，推进技术产品的无障碍化，这是科技企业的社会责任所在，也是企业公益重要的实践领域。阿里巴巴通过技术和产品创新，弥补用户因身体机能、所处环境等差异造成的障碍，让每个人都能安全、方便地无障碍生活。

2021 年，阿里巴巴和中国信息通信研究院、蚂蚁集团、快手、饿了么、腾讯、哔哩哔哩、360 共同发起成立"信息无障碍技术和知识产权开放工作组"，宣布将向社会免费开放信息无障碍技术专利（首批免费开放的 28 件专利中，阿里巴巴 11 件，蚂蚁集团 9 件，快手 4 件），加快信息无障碍建设。

4.3.1　案例：科技普惠，让天下无碍[②]

社会痛点：互联网、智能手机、云计算、人工智能等新技术

---

① 曾雯湘. 互联网的"无障碍"改造："特殊群体的问题也是所有人的问题"[EB/OL].（2021-2-1）. https：//new. qq. com/rain/a/20210201A0676T00.
② 案例信息来源于《阿里巴巴集团社会责任报告（2020—2021）》等资料。

的发展，大大提升了人类对世界的体验感，但是障碍人群很难像普通人一样自由使用智能手机、互联网等技术。

公益实践：阿里巴巴坚持"普惠科技"的理念，从产品无障碍化到无障碍平台化、协同化、标准化，全面推进无障碍社会建设。

商业价值：推动产品无障碍化，有利于阿里巴巴在科技产品上的无障碍优化，同时也为障碍用户带来了更好的产品体验，提升了产品的用户数量和用户黏性。在无障碍行业领域的探索方面，阿里巴巴建立了面向未来更便利、更人性化的产品创新机制。

不是每个人都是残疾人，但每个人都会有遇到障碍的时候。无障碍不仅仅是残疾人的事，它和我们每个人都密切相关。无障碍对于企业而言，应该成为一种文化，成为一种信仰，投资无障碍就是投资未来。

早在 2010 年，淘宝内部就自发成立了淘宝信息无障碍实验室，并于 2013 年发展为阿里巴巴信息无障碍兴趣小组。2019 年 3 月，阿里巴巴成立"阿里巴巴技术公益委员会"，在同年 9 月的云栖大会上，阿里巴巴发布了技术公益基金，信息无障碍成为该基金重点聚焦的三大领域之一。2020 年，阿里巴巴成立信息无障碍委员会，整合研发力量，推进旗下产品的无障碍化改造。阿里巴巴号召全体工程师以"公益心态，商业手法，技术力量"参与到公益事业当中，探索技术践行社会责任的创新方式。

产品无障碍化：铺设"互联网盲道"

从 PC 端到移动端，从淘宝到天猫、飞猪、高德地图、支付宝、钉钉等阿里系众多 App，无障碍测试成为越来越多阿里系产品发布前的必经测试，视障者在网上有了一条条新"盲道"：

（1）"读光 OCR"（光学字符识别技术）。2018 年，淘宝将"读光 OCR"投入应用，这项技术可以让淘宝产品详情中的图片以及图片中的文字转成语音，帮助视障人士"听图购物"。"读光 OCR"上线后，每天识别图片数量达 500 万张，在"双 12"期间日均调用量更是接近 1 亿次。

（2）AI 手语翻译。2022 年 5 月，淘宝开启了一场特殊的"助残帮扶，关 AI 计划"公益直播。"辉哥来了""闹妈美食厨房"等 20 位淘宝主播受邀参与，在讲解商品的同时，屏幕中还匹配了 3D 虚拟人物进行手语翻译。这是淘宝直播首次在直播间应用 AI 手语翻译功能，同时是该功能在电商直播行业中的首次使用。

（3）字幕机顶盒。2021 年 2 月，阿里巴巴达摩院免费提供使用精准语音技术及算力的字幕机顶盒，于春节前夕入驻了全国上百个听障人士家庭及社区，先进的实时语音转文字技术让听障群体得以无障碍收看春晚、新闻等直播节目。达摩院语音 AI 实时识别准确率高、延迟小，许多听障人士还利用这款机顶盒上网课、开会，将其当作自己的"听力助手"。

（4）无障碍观影。优酷专门为盲人朋友提供了无障碍观影的通道，在优酷 App 搜索"无障碍"三个字，即可进入无障碍观影区。在无障碍观影区上架的无障碍电影通过旁白口述环境背景的方式，与电影原声混合，让盲人朋友也能通过"听"的方式"看电影"。

2022 年 6 月，阿里巴巴旗下淘宝、天猫、闲鱼、飞猪、支付宝、高德地图、UC 浏览器、饿了么、钉钉、阿里云等 15 款 App 完成信息无障碍改造，并已覆盖网购、点餐、娱乐、社交等多种数字生活场景，让更多的残障人士可以无障碍接入互联网，打开互联网生活新"视"界。

图 19　淘宝 App、支付宝 App 获得信息无障碍国标认证

无障碍平台化：降低适配门槛

途明平台由阿里巴巴信息无障碍委员会和浙江大学卜佳俊教授团队联合开发，基于信息无障碍新国标，为 Web 网站和页面、移动端 App 应用提供一站式快速无障碍检测与改造。

与现有的一些无障碍检测工具不同，途明平台的定位不只是对无障碍问题的检测，还包括了标准规则解读、设计规范建议、无障碍问题修复建议等功能。途明平台为互联网产品上线的前中后各个不同环节，提供一整套无障碍支持、解决方案；解决了传统无障碍支持手段中存在的"问题发现链路较长，学习成本高，适配困难，标准不统一，难以持续"等一系列问题，协助开发者快速开展产品无障碍优化工作。

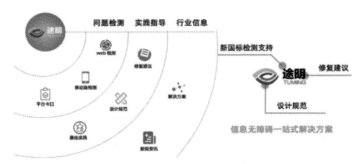

图 20 途明平台能力示意

无障碍协同化：聚合发力无障碍

第一，"读光计划"。

2020 年 12 月，阿里巴巴、中国盲文图书馆、浙江大学携手发起"读光计划"，旨在促进数字化能力与社会应用场景相结合，为视障人群创造更友好的数字生存环境。① "读光计划"的首批成果如下：

（1）"智能家居馆"。阿里云、浙江大学与中国盲文图书馆联合共建"智能家居馆"，并计划一起向视觉障碍人士捐赠 5000 台天猫精灵智能音箱。

（2）无障碍影视网络视听平台。优酷依托技术积累和内容资源，与中国盲文图书馆共建无障碍影视网络视听平台，未来 3 年将推出 100 部无障碍电影。

（3）OCR 读屏技术。阿里巴巴达摩院联合浙江大学，向中国

---

① 阿里巴巴集团. 阿里巴巴集团社会责任报告（2020—2021）［R］. 2021：
55.

盲文图书馆输出最新的 OCR 读屏技术方案。

（4）智慧办公系统。钉钉协助中国盲文图书馆完成基于信息无障碍的智慧办公系统升级。

阿里云智能副总裁、阿里巴巴技术公益委员会秘书长刘湘雯称，此次阿里巴巴与中国盲文图书馆、浙江大学的合作，只是"读光计划"的起点。"未来我们将联动更多合作伙伴，探索更多的需求场景，将科技应用于更广泛的公益领域，去解决数字鸿沟、教育、医疗、环保等难题，在服务社会的过程中体现科技价值与科技温度。"

第二，专利开放。

2021 年 11 月，为消除智能技术障碍、推进信息无障碍技术创新和发展，在国家工业和信息化部指导下，中国信息通信研究院、阿里巴巴、蚂蚁集团等 8 家单位共同发起成立了"信息无障碍技术和知识产权开放工作组"。

这一国家级工作组成员包括中国信息通信研究院、蚂蚁集团、阿里巴巴、饿了么、快手、腾讯、哔哩哔哩、360，首批免费开放 28 件无障碍相关专利，聚焦"适老、助残"等信息无障碍使用场景，此外计划定期举办信息无障碍技术和知识产权交流会，扩大技术和专利开放规模。首批免费开放专利数量最多的 3 家企业是阿里巴巴（11 件）、蚂蚁集团（9 件）和快手（4 件）。阿里巴巴集团副总裁屠剑威在发言中说，阿里巴巴既要深耕自立自强的高科技，也要践行人人受益、责任担当、开放共享的"好科技"。

建立知识产权信息共享与技术沟通交流平台，有助于发挥成员各自优势，消除专利许可与实施的壁垒，促进社会各界达成共识，共同推进信息无障碍技术的创新和广泛应用。

无障碍标准化：规范行业发展

2019 年 10 月 15 日国际盲人节，钉钉联合阿里巴巴集团标准化部、信息无障碍技术标准联合工作组等多家单位，发起成立国内首个"智能办公硬件无障碍联盟"，宣布启动"智能办公硬件无障碍标准"制定计划。

2020 年 3 月 1 日，由全国信息技术标准化技术委员会提出、阿里巴巴参与起草的新国标《信息技术互联网内容无障碍可访问性技术要求与测试方法》（GB/T37668—2019）正式实施，这是我国互联网信息无障碍领域的第一个国家标准。

阿里巴巴积极倡导和参与行业标准的制定，引导无障碍行业的发展，促进相关技术的相互协调、配合，联合各方力量，共同推动无障碍行业的规范发展。

无障碍与未来

无障碍与自由相关。障碍代表的是不自由，无障碍代表的是自由，科技无障碍的使命就是推进全人类的自由。

无障碍与人类文明有关。数字化时代，网络空间的无障碍代表了数字空间的文明程度，也体现了新时期的人类社会文明程度。

无障碍与未来相关。障碍群体和健全人之间并不是那么泾渭分明，我们去思考障碍群体的特殊要求，去用科技满足他们的需求，其实就是在投资未来、把握未来。

阿里巴巴在产品改造、标准制定、平台搭建等多个领域助力无障碍社会的建设。未来阿里巴巴将联动更多产学研力量，让更多障碍群体享受到无障碍的便利。

4.4 全体用户：用户公益，解决痛点

不仅仅是弱势群体、障碍群体，普通的用户在生活和工作中也会遇到一些痛点问题，如安全问题、教育问题、医疗卫生问题、个人成长发展问题等。

企业通过释放核心技术或业务能力，可以有效应对用户的痛点问题，保护用户的权益或为用户创造新的价值，这也是企业可以去积极探索的一条开展用户公益的有效路径。

近年来，中国电信网络诈骗犯罪形势十分严峻，已成为发案最多、上升最快、涉及面最广、人民群众反应最强烈的犯罪类型。电信网络诈骗活动的开展主要依托互联网，因此，互联网公司的反诈行动既是一种责任与义务，也是一种积极的企业公益行为。

4.4.1 案例：钱盾反诈，让钱有盾、诈无门[①]

社会痛点：电信网络诈骗已经成为当今社会的重大问题。多破案不如少发案，加强犯罪预警和防范，是减少群众被骗的有效手段。如何提高反诈劝阻的成功率，成为打击电信网络诈骗的重要手段。

公益实践：阿里巴巴联合公安部、工业和信息化部等部门，

---

① 案例信息来源于 2020 财年阿里巴巴橙点公益榜（第四届）总决赛资料。

通过平台大数据、AI 等新技术的应用，旨在破解"劝阻难"的问题，提升反诈劝阻成功率，为用户的资金、信息安全保驾护航，保护用户的人身和财产安全。

商业价值：这是具有极大社会价值的公益项目，能强化阿里巴巴平台安全、值得信赖的品牌形象，提升用户对产品的忠诚度，同时也有助于与政府部门形成良好的协同关系。

近年来，我国电信网络诈骗案的数量每年以 20%～30% 的速度增长，仅 2018 年全国公安机关电信网络诈骗案件立案 69 万起，共造成经济损失 222 亿元。[①] 而且随着电信网络诈骗手法不断翻新、模式持续升级，精准诈骗逐渐成为电信网络诈骗的主流模式，使得反诈难度日益增加。

多年的打击治理实践让公安机关认识到，多破案不如少发案，少发案就需要加强反诈预警与反诈劝阻。然而，反诈存在预警难和劝阻难的问题，一方面由于潜在受害人被骗子深度"洗脑"，另一方面也由于现有预警与劝阻行为不精准与不及时。

阿里巴巴安全部门（CRO 线）联合相关部门团队，经过近半年的研发，于 2019 年 12 月 16 日与公安部刑侦局联合推出"钱盾反诈机器人"。

"钱盾反诈机器人"能根据不同类型的电信诈骗话术，通过 AI 语音交互技术配置相应的劝阻提醒内容，引导潜在受害人走出诈骗圈套。反诈机器人能让劝阻第一时间触达正在被骗的受害人，提升反诈劝阻成功率。同时，为确保这个来电显示字段不会被盗

---

① 吴辰英. 科学防范电信网络诈骗［J］. 北京观察，2022（06）：53.

用、篡改，"公安反诈专号"还加入了技术保护措施。

AI 语音交互技术开展的预警劝阻、提升反诈工作成效的一次有益实践，可以同时通过电话、短信、闪信三种渠道，快速向被骗群众发布预警，为公安机关上门劝阻争取了时间，有效提升人工劝阻的成功率。当接到电信网络诈骗电话，公安部刑侦局钱盾反诈预警系统预警到这一信息后，钱盾反诈机器人即自动拨打潜在受害人的电话予以提醒，来电信息显示为"公安反诈专号"，同时还有闪信强制弹窗提醒，若不读闪信信息，手机就不能做其他操作。

为进一步提升预警号码公信力、提升劝阻预警的效率，钱盾反诈机器人开展与省级反诈号码 96110 热线的公益试点合作，使用 96110 作为自动劝阻号码。同时，启动开发面向全国公安使用的反诈移动预警工作台，合并各地诈骗预警数据源，联动各省市 96110，统一由钱盾反诈机器人第一时间外呼，并回收劝阻结果，将判断仍需要劝阻的受害人信息通过移动端工作台流转给反诈民警，劝阻后可一键反馈，回收结果，让数据多跑动，让民警少奔波。

以北京市反诈中心公益试点为例，"公安反诈专号"与北京市 96110 反诈专号实现联通，进一步提升反诈公信力。后续自动回收劝阻结果后，将筛出高紧急潜在受害人，让反诈民警将精力投入真正需要当面劝阻、紧急止损的劝阻工作中。数据显示，"公安反诈专号"自 2019 年 11 月 15 日在部分地区试运行以来，平均每天劝阻 3000 多人，劝阻成功率超过 96%。①

---

① "钱盾反诈机器人"破解反诈劝阻难题 [EB/OL]．（2019-12-17）．https：//m. thepaper. cn/baijiahao_5264031.

第5章

为协同利益相关者服务的企业公益

> 如果公司的运行仅仅只是为了股东的利益，那么它对整个社会未必是最有意义的。
>
> ——玛格丽特·M. 布莱尔（Margaret M. Blair）

5.1 什么是协同利益相关者

5.1.1 协同利益相关者

协同利益相关者主要指的是企业产业链或平台上的生态伙伴（合作伙伴）。生态伙伴是企业价值链和平台经济的协同参与者，会对企业商业和平台生态产生重大的影响。因此，企业要与生态伙伴一起成长，进一步，应该赋能生态伙伴，让它们更好地发展，这样反过来也有利于企业有更好的发展生态。

与协同利益相关者有关的企业公益，集中体现在"生态伙伴公益"。生态伙伴公益具体体现在"和生态伙伴一起做公益"以及"赋能生态伙伴"。

5.1.2 生态伙伴公益

阿里巴巴希望通过技术和平台赋能，与生态伙伴一起共建开放、协同、繁荣的商业生态圈。在企业公益方面，主要体现两个方面：首先是帮助生态伙伴更好地发展，其次是与生态伙伴抱团做公益。

阿里巴巴帮助生态伙伴更好地发展，尤其体现在面对重大危机的时候，出台各项措施帮助生态伙伴一起渡过难关。其中包括在 2008 年全球金融危机的时候，推出一系列帮助中小企业共克时艰的措施；也包括在面对疫情的冲击时，对中小商家出台的各项优惠和支持措施。

阿里巴巴与生态伙伴抱团做公益，顾名思义就是带着生态伙伴一起做公益，其重要的方式是通过平台和技术赋能，在不同业态下让更多的爱心商家、消费者一起参与公益。比起自己做公益，这种方式能带动更多人参与，有更大的影响力。带着生态伙伴一起做公益，其中最有影响力的项目应该是"公益宝贝"项目。根据《阿里巴巴集团社会责任报告》（2020—2021）披露，2021 财年，"公益宝贝"上产生的爱心捐赠有超过 90 亿人次参与，产生的爱心商家约 250 万家，带动 5 亿消费者参与，捐赠总额超过 4 亿元，累计帮扶 800 万人次。

5.1.3 分析框架：S2B2C 模式

S2B2C 模式

"S2B2C 模式"是由阿里巴巴集团学术委员会主席、阿里巴巴商学院院长曾鸣教授提出的一种集合供货商赋能于渠道商并共同服务于顾客的全新电子商务营销模式。

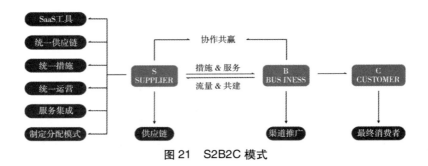

图 21　S2B2C 模式

S 即大供应商（平台），B 指小商户，C 为顾客。S2B2C 模式最核心的是 S 和 B 要共同服务 C。行业里存在大量高度分散的小商户 B，它们有接触和服务 C 端用户的能力，但如果缺乏 S 的支持，难以做大、做好，因此 B 服务 C 离不开 S 平台提供的种种支持。B 发现 C 的需求，将需求信息反馈给 S，让 C 能获得更好的服务，因此 S 也需要通过 B 才能更好地服务 C。

S2B2C 模式是一个创新的商业模式，这个模式比传统的 B2B 或 B2C 模式要复杂。同时，过去线性的 B2B2C 零和游戏关系，变为共生共赢关系。

S2B2C 模式在企业公益实践中的应用

S2B2C 模式主要应用在电子商务或数字经济领域，但是它同时也可以指导数字科技企业的公益实践。数字科技企业往往成为 S 的角色，为供应链合作伙伴或公益合作伙伴（B）赋能，带着伙伴或通过伙伴来落地执行公益项目。在数字科技企业的公益实践中，S2B2C 模式主要体现在以下两个方面：

（1）企业主体打造公益平台（S），为公益主体（B）赋能。

比如阿里巴巴打造了"公益宝贝"平台，联合了淘宝上的爱心卖家，成为一个创新的公益供应链平台（S），一起助力公益组织执行相关公益项目，为目标群体（C）做好公益服务。

（2）企业主体通过整合资源成为公益供应链平台（S），为公益主体（B）赋能。比如，天猫母婴行业基于"公益宝贝"平台，整合母婴行业卖家等行业资源，赋能"童伴妈妈"（B），服务广大乡村留守儿童（C）；阿里巴巴商学院团队和阿里巴巴乡村事业部通过整合资源，赋能村小二（B），为乡村孩子（C）提供文化教育资源和服务。

S2B2C 模式可以帮助我们指导企业在协同利益相关者领域的公益实践，也有助于我们更好地洞察企业协同公益、伙伴公益的创新机理。

5.2 和生态伙伴一起做公益

5.2.1 案例："公益宝贝"①

社会痛点：传统的公益捐赠方式存在捐赠门槛高、公众参与度低、筹款收入不稳定、款项使用透明度低等问题。这些问题不仅严重损害了公益慈善的公信力，更挫伤了社会各界参与公益事业的热情。

公益实践：淘宝的"公益宝贝"计划，通过平台的技术赋能和产品化支持，将它发展成带动淘宝全网商家店铺共同参与的公

---

① 案例部分信息来源于《阿里巴巴公益报告》（2008—2016）等相关资料。

益项目，让爱心商家便捷地参与社会公益，同时降低了消费者参与公益的门槛，让数以亿计的民众以各种形式参与到捐赠和志愿活动中来，同时通过区块链技术，让爱心款项的流向更加公开、透明。

商业价值：在切实降低商家和消费者参与公益的成本，提升公益项目运营效率的同时，商家有了更多的展现度，让用户、公益组织在平台上产生了更多有价值的连接和互动，使得平台生态更多元、更丰富。

"公益宝贝"是淘宝为公益组织和公益项目提供网络公众筹款支持的项目，商家可以在后台设置某个商品为"公益宝贝"及捐赠的金额或比例，消费者在淘宝上购买带有"公益宝贝"标志的商品，在成交后，平台会按照卖家设置的比例捐赠一定数目的金额给商家指定的公益组织或公益项目。

"公益宝贝"是一种创新的公益模式，它重塑了平台、生态伙伴（商家）、消费者、公益组织、公益项目之间的关系，重构了公益参与方式，由传统的"捐款捐物"演变为"消费捐"，为商家和用户参与公益建立了一种有效的激励机制，解决了公益的可持续发展问题。

源起——"魔豆妈妈"的抗癌故事

2002 年，苏州某小学教师周丽红被确诊为乳腺癌晚期。周丽红患病后，丈夫向她提出离婚。癌细胞转移，病无法治愈，家支离破碎，幼小的女儿成了她唯一的精神寄托。由于癌细胞扩散到全身，周丽红下肢瘫痪，等待她的还有巨额的债务，但自强的周丽红并没有被打倒。为了养活只有 6 岁的女儿和白发苍苍的父母，2005 年 11 月她在淘宝网开了一家名叫"魔豆宝宝小屋"的店铺，"魔豆"是周丽红女儿的小名。

周丽红一边和病魔做斗争，一边全心经营小店，被剧烈疼痛折磨的她靠打麻醉剂度日，只要稍微恢复一点体力，就在病床上打理自己的网店。周丽红的故事感染了很多人，大家亲切地称她为"魔豆妈妈"。在周丽红与病痛斗争的同时，无数网友爱心接力，帮助这位"魔豆妈妈"和她的"魔豆宝宝"度过了最艰难的日子。2006 年，病魔还是将这位坚强、自立的"魔豆妈妈"带走了。

"魔豆妈妈"周丽红去世之后，在"魔豆妈妈"精神的感染下，多个志愿者接力打理"魔豆宝宝小屋"，让小屋永不打烊。不少有爱心的淘宝商家也自发行动起来，在自家网店里上架了"1 元钱"的筹款链接。

淘宝很快就上线了针对爱心商家的捐赠渠道：商家在自家淘宝店商品名称中添加关键词"魔豆宝宝"后，只要该商品生成订单，就会向爱心账户捐钱，善款最终被用来帮助小"魔豆"。

2006 年底，淘宝对整个公益链路进行了调整，正式上线了"爱心宝贝"功能：商家可把某个商品设为"爱心宝贝"，并设定每单的捐赠金额或比例（如 0.02 元或 1%），交易完成后，捐赠金额就自动进入"魔豆宝宝爱心账户"。上亿网友先后通过淘宝网参加了这场爱心接力赛，资助小"魔豆"完成学业、健康成长，还将筹集到的善款资助给更多需要帮助的身处困境的母亲、留守儿童和贫困家庭。

升级——平台型模式正式成形

随着"爱心宝贝"捐赠次数和捐赠金额不断放大，为了帮助更多的人，2011 年，"爱心宝贝"更名为"公益宝贝"。2012 年，"公益宝贝"接入壹基金、中国乡村发展基金会以及中国儿童少年基金会三家公益机构，这是"公益宝贝"迈向平台公益模式的关键一步。

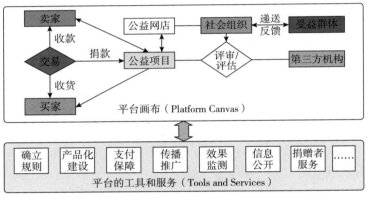

图22 "公益宝贝"运营模式

2016 年，"公益宝贝 2.0"暨联合公益计划正式启动，公募基金会的项目可以通过评审入驻"公益宝贝"，其他非政府组织的公益项目也有机会通过"公益宝贝"筹得善款。自此，"公益宝贝"打通了消费者、商家、公益组织三者之间的关系，淘宝商家可以自由选择合作的公益机构和公益项目，"公益宝贝"平台型模式正式成形。

在整个项目运营模式中，淘宝发挥自身科技和平台的带动力量，建立了支撑整个项目流程的规则体系和技术体系，并推出经过第三方审核的合适的公益组织和公益项目；商家可以选择合适的公益项目以"消费捐"的形式进行支持；消费者在购买标识"公益宝贝"的商品时，相关金额或比例的善款将自动转入关联的公益项目；社会组织在这里也得到品牌推广、资金募集、受益人沟通等多种通道。

随着"公益宝贝"不断升级，爱心商家店铺的使用体验不断提升。"公益宝贝"项目让公益店铺标记全域可见，增加其平台露出，支持商家一键开取捐款票据，为爱心商家提供更多金融支持，让生态伙伴公益更有声量、更有力量。

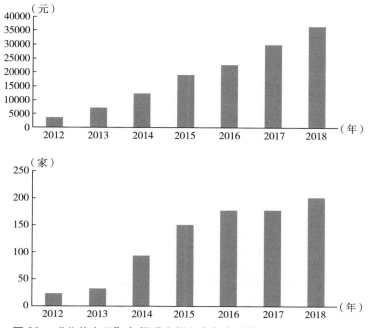

图 23 "公益宝贝"年捐赠金额和参与商家数（2012—2018 年）

"公益宝贝"整个运营流程越来越透明、越来越规范。每个公益项目上线"公益宝贝"之前,都需经过专家团队及第三方尽调机构的多轮考核评估。获得资助的公益机构需定期接受第三方审计单位监督,并定期公开资金使用进度,资金去向清晰可见。

2021年3月,"公益宝贝"项目与每一笔公益捐赠全部实现"区块链+",实现"捐赠—实施—拨付—签收—反馈"的全链路透明化。消费者在淘宝搜索"公益宝贝",就可以进入公益活动页面看到自己的爱心足迹,"蚂蚁链"将随时追踪善款动态信息,让"公益宝贝"产生的每一笔善款的流向都能够随时被看见。

"公益宝贝"解决了公益的透明度及可信度的问题,建立了信任机制,增强了公益组织的公信力,在更大程度上激发了公众的参与热情。

拓展——走向海外

2018年,"公益宝贝"首次向澳大利亚、新西兰等国的商家开放。澳大利亚前总理陆克文的女儿陆杰喜在天猫国际开设的店铺加入"公益宝贝"计划,澳大利亚邮政海外旗舰店、自然医学品牌科立纯官方旗舰店等天猫国际商家也陆续加入"公益宝贝"计划。在公益受众端,"公益宝贝"也逐渐将关注人群拓展到海外。基于阿里巴巴"公益宝贝"的筹款支持,阿里巴巴公益与中国乡村发展基金会联合启动"国际爱心包裹"项目,在"一带一路"沿线发展中国家发放爱心包裹,改善当地贫困学生的学习条件。2018年,"国际爱心包裹"项目已在缅甸、尼泊尔、柬埔寨、纳米比亚 4 个国家发放 5 万余个爱心包裹。2019 年,"公益宝贝"带动了超过 116 个国家和地区的品牌参与捐赠。

基于数字网络的公益生态

北京师范大学中国公益研究院 2019 年发布的《公益宝贝社会价值研究报告》对"公益宝贝"项目做出了高度的评价,报告认为:"公益宝贝"在全球互联网公益转型中提供了一个中国范例,也是对公益捐赠模式的一次标志性创新。

"公益宝贝"最大的特色就是通过发挥数字网络的作用,构建了商家、公益组织、用户共同参与且有效运转的公益生态,具体体现如下:

(1)降低了商家参与公益的门槛。商家在网店后台简单设置一下就可以轻松参与到公益捐赠中,在成功交易的同时也帮助到他人。"公益宝贝"项目无疑为商家提供了一条简单、便捷的公益参与渠道。

(2)为公益组织提供了筹款通道。"公益宝贝"充分利用了平台海量商家、海量交易的优势,吸引流量并有效转化,为优秀的公益项目提供了一个稳定、持续的善款募集通道。

(3)提升了用户参与公益的热情。消费者通过购买就能参与公益,没有捐赠的压力和被道德绑架感。消费者在购物过程中发现公益、参与公益,也是一个接受公益教化的过程,有利于公益在全民广泛传播,助力人人公益的良好氛围的形成。

据阿里巴巴一份针对用户的调研显示,有 83% 的消费者表示,对比其他商品,自己更倾向于购买那些被标注为"公益宝贝"的商品。"公益宝贝"字样在无形中增加了消费者对商品的好感，也促成了交易的发生。另外"公益宝贝"项目让公益店铺标记全域可见，增加其在淘宝平台中的露出度，平台也为爱心商家提供了更多的金融支持，这些都是平台对于爱心商家"善意"的回报，以此促进更多善意的产生。

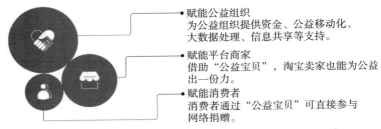

赋能公益组织
为公益组织提供资金、公益移动化、大数据处理、信息共享等支持。

赋能平台商家
借助"公益宝贝"，淘宝卖家也能为公益出一份力。

赋能消费者
消费者通过"公益宝贝"可直接参与网络捐赠。

图24 "公益宝贝"为消费者、商家、公益组织赋能①

总而言之，"公益宝贝"项目充分发挥了互联网平台的链接、协同的作用，让每个主体都能充分发挥自身优势，为公益做贡献。

公益组织贡献优质的公益项目，负责把钱花好、把项目做好、把好事做好。爱心商家店铺也不需要自己去寻找公益项目，去评估公益项目是否靠谱，平台和第三方机构把这些事情做了，它只要把货卖好，货卖得越多，贡献的公益力量就越大。消费者还是购物的消费者，他通过购物也参与了公益，轻松促成整个公益的闭环。

① 阿里巴巴集团. 阿里巴巴集团社会责任报告（2017—2018）［R］. 2018：21.

5.2.2　案例：天猫母婴"童伴妈妈" ①

社会痛点：随着中国社会的快速发展，越来越多的青壮年农民走入城市，在广大农村也随之产生了一个特殊的未成年人群体——农村留守儿童。留守的少年儿童正处于成长发育的关键时期，却在成长中缺少了父母的关心和呵护。

公益实践：天猫母婴亲子团队结合自身的商业体系，联合天猫母婴亲子领域的全体商家，通过"公益宝贝"平台，在天猫营销大促的节点发起专题专项的"童伴计划×天猫亲子节"，用实际行动支持"童伴妈妈"在当地的陪伴行动，后文会有展开介绍。

商业价值：基于平台能力，以行业用户的痛点问题为导向，协同行业伙伴的力量为用户创造价值，使平台与行业伙伴之间产生更多的链接与互动，创造更高的协同价值。

母婴亲子是天猫平台中重要的品类之一。天猫年度活跃用户数为 7.8 亿，其中母婴用户数约 3 亿。2020 年天猫母婴亲子领域的新兴细分行业增速超过40%，共有 243 个母婴品牌在天猫实现销售额破亿，成交过千万的单品多达 1364 个。

身处母婴亲子行业，他们的用户就是妈妈和孩子。天猫母婴亲子团队希望随着行业的发展，他们能和行业所有的商家一起，让更多的妈妈和孩子享受到更美好的生活。而公益无疑是表达平台和品牌有温度的价值主张的最好方式。

---

① 案例部分信息来源于阿里巴巴 2021 财年第五届橙点公益榜 15 强项目资料。

公益初心：关爱留守儿童

天猫母婴亲子团队在与中国乡村发展基金会接触的过程中，发现了一个特殊的组织——"童伴妈妈"。他们正在为留守儿童努力创建名为"童伴之家"的活动场地，并培训专业的"童伴妈妈"陪伴孩子安全、健康、快乐地成长，减少留守儿童因缺失陪伴而产生的心理问题及安全问题。天猫母婴亲子团队看到了这个项目的意义，希望能带动母婴商家、消费者一起关心留守儿童的成长。

2019 年，天猫母婴亲子团队向全体母婴亲子商家发出公益倡议：号召全体天猫母婴亲子商家加入"公益宝贝"计划，支持中国乡村发展基金会"童伴计划"公益项目，为乡村贫困地区的留守儿童送去来自"妈妈"的陪伴式的关爱。

"公益宝贝"："技术原汤"

天猫母婴亲子团队的公益倡议得到母婴亲子全体类目商家的积极响应。天猫母婴亲子团队决定在天猫母婴亲子类目每年最重大的活动"天猫亲子节"中发起"童伴计划×天猫亲子节"公益行动，邀请亲子品牌及亲子节商品加入"童伴计划×天猫亲子节"的联名"公益宝贝"，消费者在亲子节期间每一次购买"童伴计划"的专项"公益宝贝"，商家都将以消费者的名义为"童伴之家"捐助 0.02 元公益基金。

2019 年天猫亲子节期间，也就是"童伴计划×天猫亲子节"首次活动期间，一共有 21.3 万个天猫商家参加公益行动，152 万个亲子节商品成为"公益宝贝"，3844 万名消费者参与消费捐赠，累计捐赠次数达到 6059 万次，累计捐赠金额 468 万元，帮助建成 45 个"童伴之家"，受益儿童超过 24210 名。

"公益宝贝"已经成为"技术原汤"。"童伴计划×天猫亲子节"依托淘宝"公益宝贝"平台而设立，在它的基础上整合、组装，又成为新的公益项目，使天猫母婴亲子平台、类目的商家、消费者等各个主体都能参与进来，一起做公益。"童伴计划×天猫亲子节"也成为阿里"公益宝贝"史上最大规模的主题性商家联合参与的活动。

项目可持续：让陪伴一路相随

做一次公益活动是简单的，把公益活动升级为公益项目、持续把一个事情做好是不容易的。"天猫亲子节"是短期性的行业活动，天猫母婴亲子团队想把"童伴计划"做成一个常规活动持续地运行下去，持续地通过天猫品牌给"童伴计划"赋能，持续地给农村留守儿童带来关爱。

在 2019 年活动期间，天猫母婴亲子团队向高品质母婴用品类商家发起物资捐赠倡议。来自商家捐赠的故事机、学习机、玩具等用品送达"童伴之家"，为乡村留守儿童的乡村学习活动添加了更多的色彩。

2020 年初，防疫物资紧缺、交通被阻断使得很多山区孩子的复学之路困难重重。在"3·8"大促活动期间，天猫母婴亲子团队发起了爱心抗疫助复学公益行动，联合马云基金会和阿里巴巴公益团队，短短一个月内就联动超过 6 万个天猫爱心商家，实现 659 万名消费者参与，捐助总金额达 168 万元，使得 3 万名师生受益，支持学校数量达 29 所。

在 2020 年第二次亲子节活动期间，"童伴计划×天猫亲子节"捐赠次数达到了 1.7 亿次，累计捐赠金额达 858.9 万元，项目支持包括云南 11 村、江西 37 村、湖北 100 村、贵州 49 村在内的 202 个项目村，受益儿童 11.2 万余名。

人类文明的延续需要一代传一代，这个传承来自基因，也来自身体力行的"陪伴"。陪伴有关于教育，有关于成长，有关于文明延续。让每个人都享有陪伴的权益，这是一件重要而不简单的事。天猫母婴亲子团队没法去陪伴每个需要陪伴的留守儿童，但通过技术平台聚合行业商家的力量，创新性地发起了"童伴计划"，让爱的力量聚集，汇聚成"陪伴的力量"，让留守儿童也能享受"陪伴"的权益。

5.3　赋能生态伙伴

5.3.1　案例：村淘文化角

社会痛点：社会公平的基础是教育公平，教育公平的基础是文化教育资源公平。农村和城市之间存在很大的文化教育资源差距，乡村留守儿童面临着教育资源匮乏、资源获取模式单一和教育资源结构失衡的问题。

公益实践：阿里巴巴商学院 E 次方和阿里巴巴集团乡村事业部联合博库网共同发起了"村淘文化角"项目，依托阿里巴巴乡村事业部分布在全国的 3 万个村淘点，设立"村淘文化角"，为孩子们提供图书、天猫精灵等教育资源，为乡村本地的"村小二"

（村淘经营者）赋能，让村淘点不仅仅是农产品上下行的空间，也成为一个乡村文化生活的温暖空间。

商业价值：在村淘服务站既有的电商业务和价值链的基础上，叠加公益性资源与内容，拓展了原有的服务功能，为乡村留守儿童提供更加丰富的文化教育资源和相关公益服务，同时提高了村淘服务站点的生态服务能力。

项目演变：从支教到数字化

1）1.0 的"乡村支教"（2009—2015）

2008 年阿里巴巴集团和马云的母校杭州师范大学一起创办了阿里巴巴商学院，共同致力于培养电子商务和互联网人才。2009 年阿里巴巴商学院开始启动"爱发芽"乡村支教活动，在暑假期间到乡村支教，结缘乡村教育。"爱发芽"就是乡村文化角的 1.0 版本。

2009 年到 2015 年是乡村文化角的 1.0 阶段，由于没有自身的落脚点，存在着志愿者人员流动大、服务期限短，以及落地执行成本高等问题。

2）2.0 的"村淘文化角"（2015—2018）

2014 年阿里巴巴启动"千县万村"计划，在 3 至 5 年内投资 100 亿元，建立 1000 个县级运营中心和 10 万个村级服务站。2016 年，阿里巴巴商学院和农村淘宝、"淘宝大学"在浙江衢州发起了"互联网+乡村公益教育计划"，以衢州江山市张村乡秀峰村、凤林镇株树村和峡口镇广渡村三个村为试点，在村淘服务点内部设立服务本地的文化角，依托文化角开展围绕儿童公益图书角、互联网职业体验、电商技能培训等主题的活动，关爱乡村留守儿童，助推农村电商创业。2017 年，"互联网+乡村公益教育计划"升级为"村淘文化角"，正式在全国村淘服务站点推广，这时博库网也加入了这个公益项目，为项目提供了优质图书、运营资金等相关资源，大大加速了"村淘文化角"在全国的布点。

2014 年到 2018 年是项目的 2.0 阶段，随着"村淘文化角"先后在全国 1500 多个乡村设立，依托这些文化角，博库网的爱心图书、阿里巴巴的天猫精灵、爱心网民的二手书籍等社会文化资源源源不断地输入中国乡村。在村淘服务点设立文化角，丰富了村淘点的功能，有更多的孩子和家长跑到村淘点看书、交流，让村淘点人气更旺了，试点得到了村淘小二的热烈欢迎。

3）3.0 的数字文化角（2019 年至今）

2.0 版本的"村淘文化角"模式解决了没有乡村落脚点的问题，有了"村淘合伙人"——本地"村小二"的常年驻守，也部分解决了志愿者人员流动大的问题。但是"村淘文化角"模式还存在着线下纸质图书的更新跟不上孩子们的阅读需求的问题，项目组曾经尝试过村淘站点间图书流转、开发"云上捐书"小程序（将城市百姓家的二手图书流转到乡村文化角）等方式，但由于运营成本高，后续也没持续推进。

2019 年，项目组开始推动文化角的数字化转型。项目组开发上线了"e 起童行"小程序，整合杭州师范大学和阿里巴巴商学院的优质教学资源，为乡村儿童提供适合的线上教育内容，同时聚焦于乡村孩子认知能力的提升，尝试着为孩子建立数字化档案，有针对性地为乡村孩子的认知提升提供支持。

公益模式： S2B2C，赋能"村小二"

项目的公益协同网络中有两个关键节点：第一个是阿里巴巴商学院，它推动着各种资源的整合；第二个是村淘合伙人"村小二"，他们是农村淘宝站点的负责人，也是负责"村淘文化角"日常运营的管理人员，负责资源在本地乡村的落地。项目公益模式具有明显的"S2B2C"的特征，即阿里商学院公益团队（S）是资源与受益者之间的桥梁，起到了整合资源的作用，为设立在全国乡村的文化角及其运营者"村小二"（B）赋能，并与"村小二"一起为乡村留守儿童（C）服务。

图25 乡村文化角赋能模式示意图

"村小二"是公益模式中的行动者、服务者，他们不仅要负责好文化角的日常运营，还要定期组织孩子开展线下阅读等相关公益活动。"村小二"也是生态体系中被赋能的对象。文化角在村淘站点的开设，丰富了站点的功能空间，为站点带来了更多的关注与流量。

项目可持续思考

文化角项目能在中国乡村快速地布点，很大程度上得益于阿里巴巴乡村战略的实施。正是因为阿里巴巴在乡村拥有众多的村淘站点，文化角快速落地才有了可能，并且与一般的乡村图书馆项目相比，能节省大量的沟通成本、协调成本和时间成本。

2019 年，农村淘宝逐步与大淘宝融合，阿里巴巴又分别成立数字农业事业部和数字乡村实验室，并在经济体层面设立阿里农业办公室。阿里巴巴针对乡村市场，不再是村淘一个事业部的事，而是集合全集团的商业能力，全面帮助农村和农户实现数字化农业转型升级。在这样的战略调整背景下，很多地区的村淘服务站和"村小二"也面临着转型。"村淘文化角"项目也面临着服务站点撤并、公益合伙人"村小二"流失的问题。

公益项目指向社会问题，它要借助企业的力量，也要超脱于企业业务的变动。文化角公益项目在发展过程中面临一个个问题和挑战，但仍然在不断升级迭代，呈现出相当的韧性。虽然很多"村小二"转型了，但至今仍有 300 多个"村小二"仍然坚守着文化角，和公益项目组一起继续为乡村孩子服务。

图 26　各地"村小二"积极参与"村淘文化角"项目

第 6 章
为社会利益相关者服务的企业公益

> 生存依赖于我们得到什么，生活依赖于我们付出什么。
>
> ——温斯顿·丘吉尔（Winston Churchill）

6.1 什么是社会利益相关者

6.1.1 社会利益相关者

社会利益相关者主要指的是在企业外部，能影响企业活动或被企业活动影响的，与企业具有一定公共利益关系的主体或要素，比如政府、媒体、环境等。本书主要围绕着政府和环境两个主体展开论述。

政府掌握着绝大部分的社会资源，国家的战略及导向直接决定着社会资源的投放和社会发展的方向。因此，企业的公益议题不能忽视国家和政府在社会层面上的战略指向。

人类对自然的大肆改造，经济发展对资源的过度透支，对社会和环境产生了巨大的负面影响。企业作为社会的重要组成部分，目标应不仅是自身企业价值的最大化，企业还应该承担起更大的社会责任，以长远的眼光思考和践行绿色可持续发展的理念。

6.1.2 战略性社会议题

政府所倡导的战略性社会议题往往代表了社会发展的方向，但是单单靠政府的力量是无法实现的。因此，作为商业资源的拥有者、强大组织体系的拥有者，企业可以在战略性社会议题中做出创新性的贡献，实现社会价值和商业价值的共赢。

当下，战略性社会议题主要包括：乡村振兴、健康中国、老年友好型社会、育儿友好型社会、基层社区治理等。

6.1.3 环境与生态议题

绿色、生态、可持续发展已经成为全球发展的共识，"绿水青山就是金山银山"的理念也已经深入民心，疫情和极端天气环境也倒逼企业反思企业的生态责任。环境与生态议题作为全球性的企业责任议题，不论是从企业自身生产环节出发，还是从社会的环境问题出发，都给企业公益的创新践行提供了巨大的想象和行动空间。

6.2 乡村振兴：宏伟史诗下的公益探索

振兴乡村：中国乡村发展的历史机遇

乡村振兴战略是习近平同志于 2017 年 10 月 18 日在党的十九大报告中提出的战略。十九大报告指出，农业、农村、农民问题是关系国计民生的根本性问题，必须始终把解决好"三农"问题作为全党工作的重中之重，实施乡村振兴战略。

新中国成立以来，农业一直在反哺工业，乡村一直在反哺城市。工业经济的迅猛发展却导致了城乡二元结构、经济与社会关系失调、环境和生态透支等问题。中国经济发展的出路就是探索出一个"人与自然和谐""城乡共享融合"的"生态经济"模式——乡村振兴。当下，世界政治经济格局正面临百年未有之大变局，不稳定、不确定因素明显增加，乡村振兴成为我们构建内外经济双循环和应变局、开新局的压舱石。

习近平总书记指出："乡村振兴是包括产业振兴、人才振兴、文化振兴、生态振兴、组织振兴的全面振兴。"乡村振兴是关系到中国未来发展的战略，需要政府、企业、群众一起投身于这项伟大事业。农民群众是主体，政府是主导，企业是重要参与主体。企业拥有资本、技术、人才的优势，尤其是科技型、生态型、平台型企业，有着激活乡村创新活力、提升乡村产业能级的核心要素。如何全面参与包括乡村的产业振兴、人才振兴、文化振兴、生态振兴等在内的乡村全面振兴，是企业在新时期承担创新社会责任的重要议题。

阿里巴巴：从助力脱贫到助力乡村振兴①

阿里巴巴脱贫工作从淘宝村开始探索，到"千县万村"计划、脱贫基金的成立，再到脱贫特派员制度的创新，呈现出长期坚守、迭代创新的特点。

---

① 案例相关信息来源于《阿里巴巴乡村振兴基金工作报告（2021）》。

　　淘宝村是在淘宝电商生态系统中成长出来的网络商业群聚现象。阿里研究院将之定义为"最小以行政村为单位,村民为经营个体,活跃店铺在100家以上或者活跃店铺占本村村民户数的10%以上,电子商务年交易额在1000万以上"的村落。从2009年第一次发现3个淘宝村,到2019年全国25个省(自治区、直辖市)有4310个淘宝村。2019年,全国有超过800个淘宝村分布在各省级贫困县。淘宝村在增加农民收入、带动返乡创业、促进产业兴旺等方面凸显出重要的经济、社会价值。①

　　2014年,阿里巴巴将农村战略作为集团未来发展方向之一,并启动"千县万村"计划,成立了农村淘宝事业部,从战略高度出发帮助贫困地区发展电子商务,在实践中探索电商脱贫模式。无论是从2014年由小超市、小卖部兼职的"一屋一人一电脑"的1.0时代,到以着重在政策、基础设施建设、互联网人才培养与应用三方面,助力农村淘宝发展的全职"村淘合伙人"为典型特征的2.0时代,再到2016年发展战略转向三个中心,即生态服务中心、创业孵化中心和文化公益中心的3.0时代,还是之后的天猫优品、淘乡甜,以及新零售与新农业的对接、数字农业基地建设等,阿里巴巴农村战略形态的进化从未停止过。

　　2017年12月,阿里巴巴成立阿里巴巴脱贫基金,将脱贫攻坚正式上升为集团战略,成为继全球化、农村电商、大数据云计算之后的第四大战略。2019年阿里巴巴启动"脱贫特派员"项目,选派资深员工驻扎贫困县开展点对点帮扶,帮助农村实现脱贫致

---

① 洞见研报. 中国淘宝村研究报告 [EB/OL]. (2019-08-01). https://www.djyanbao.com/preview/2641340.

富。在"要脱贫，更要致富"愿景的指引下，阿里巴巴脱贫基金持续在教育脱贫、健康脱贫、女性脱贫、生态脱贫、电商脱贫五大方向上开展脱贫攻坚工作，发挥阿里巴巴沉淀多年的数字化能力，探索"数字化+乡村致富"模式。

2021年5月，阿里巴巴集团将2017年成立的阿里巴巴脱贫基金全面升级为阿里巴巴乡村振兴基金，并公布行动方案"热土计划"。阿里巴巴在继续保持投入、巩固乡村脱贫成果的基础上，更进一步从产业振兴、人才振兴和科技振兴三个方向推进实施"热土计划"。

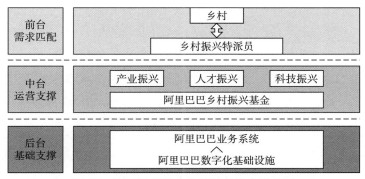

图27　阿里巴巴助力乡村振兴模式示意图

6.2.1　特派员：生态的链接者和激活者

从淘宝村到农村淘宝，在乡村的丰富实践经验告诉阿里巴巴，只有沉到乡村去，才能做好乡村的事。

"特派员"模式无疑是阿里巴巴参与到中国波澜壮阔的乡村振兴中的一次创新探索，也是新时代阿里巴巴履行社会责任的一种创新探索。特派员下沉到乡村，发现制约当地发展的痛点，挖掘本地资源优势，搭建起乡村与阿里集团的对接渠道，有效匹配双方的供需，推进双方资源要素的链接、互动、重新组合、创新，重构乡村生产、生活的价值链，进而激活本地的创新生态，让乡村的变化自然而又可持续化。

搭建桥梁——链接乡村需求与集团资源

特派员姜昌征，2008 年入职阿里巴巴，先后在跨境、村淘、菜鸟物流等部门工作，有着丰富的农村电商和供应链工作经验，2020 年 3 月被派驻到吉林汪清县。

汪清县隶属延边朝鲜族自治州，在长白山的东麓，与俄罗斯、朝鲜毗邻，森林覆盖率高，是国家级野生东北虎豹的核心保护区。优越的地理区位及生态环境优势，让汪清黑木耳品质极佳。汪清县人工种植黑木耳已有 40 多年历史，全县有 60% 的村以种植黑木耳为生，但全县 95% 以上的黑木耳只经过简单的晾晒，就以很低的价格通过中间商卖到了周边的批发市场，只能赚取微薄的利润。

经过调研分析后，姜昌征决定以农产品产销供应链为突破口，以黑木耳为主攻品类，促进汪清特色产业提质升级：

（1）链接直播资源。争取到淘宝天猫平台的公益带货资源，在汪清开展了多场公益直播。

（2）降低物流成本。对接菜鸟科技，建立了汪清县"菜鸟乡村上行仓"，快递发货成本从过去的 4 元/件下降至 2.8 元/件。

（3）打造县域品牌。争取到阿里巴巴公益设计项目"寻找远方的美好"落地汪清，免费为汪清设计了基于地方独有文化特色的县域品牌，提升品牌的附加值和市场竞争力。

（4）拓宽销售渠道。对接盒马鲜生、阿里淘菜菜、谦品供应链等渠道，协调汪清县农副产品企业及合作社参加淘宝直播、盒马鲜生、天猫超市、大润发超市的各种采销活动，拓展优质的销售渠道，提升销售质量。

（5）破解资金难题。对接网商银行相关业务落地汪清，截至2022 年 8 月中旬，已授信 6000 余万元，放贷 3000 余万元，解决汪清相关小微企业经营资金的困难。

（6）助力生态建设。协调蚂蚁集团资源，在汪清境内建立 10平方公里蚂蚁森林东北虎豹汪清保护地，上线当天，全国 1000 万人参与保护地线上认领。2022 年春节期间，以汪清保护地为原型的虎年云上巡护活动（自然资源部组织活动）参与人数突破 1.75亿人次，极大地提升了汪清生态品牌的影响力。

燃烧自我——激活乡村经济新生态

特派员一届三年，总归要离开乡村，所以特派员链接资源来助力乡村振兴的同时，更重要的是激活本地的新经济生态，形成能自我造血、本地自循环的经济系统。

（1）培育电商人才。淘宝教育、阿里乡村电商学院联合汪清县第一书记协会共同举办电商启蒙班、强化班共 17 场次，培训1000 余人次。组织汪清职高教师前往上海、杭州进行美工、电商、短视频制作培训，提升职高教师教学水平。

（2）孵化本地企业。在黑木耳新经济的带动下，本地的"桃源小木耳厂"已经成为带领地方百姓一起致富的供应链企业。阿里巴巴的公益行动也深深影响了"桃源小木耳厂"。"桃源小木耳厂"也设立了"社会公益部",选派业务骨干作为"帮扶特派员"一对一帮扶,帮助购买惠农菌包的农民种植出高品质木耳。

（3）助力组织建设。以汪清县驻村第一书记协会为依托开展电商村培育,形成了以满河村为代表的电商村。2022年初在满河村效应的影响下,东光及罗子沟两个乡镇党委书记亲自牵头在全镇推广满河经验（村书记+乡村振兴领路人计划）。

在姜昌征的推动下,汪清开展了多场公益直播,帮助当地企业与村民健全了产品结构,建立了电商团队,提升了销售规模,从而使快递企业降低了价格,形成了正向循环。汪清木耳获得了海底捞、盒马、华联等渠道的认同,截至2022年8月中旬,总计销售农副产品5200余万元,其中黑木耳单品销售3700余万元,直接或间接惠农550余户。在汪清举办的一次次电商培训,帮助当地培育本土电商人才,孵化龙头企业,形成了正向启发,满河村经验被推广到周边乡镇后,电商村的影响力逐步扩大,汪清县的新经济生态体系被激活了。

类似汪清姜昌征这样的特派员还有很多,他们更像是"乡村创变者",是乡村振兴的资源"链接者"和本地生态的"激活者"。在特派员的帮助及背后阿里巴巴产业振兴、人才振兴和科技振兴的生态助力下,一个个乡村的面貌正在一点点地发生变化。

6.2.2 业务赋能,助力产业振兴

传统的农业经济发展不了乡村,工业化的乡村也只会把乡村

发展带向歧路。中国乡村振兴需要走出一条产业与生态和谐发展的新道路。数字型、生态型、体验型的产业要素与乡村资源要素的融合创新，才是中国乡村价值生态化、生态价值化的正确发展之路。

阿里巴巴的"客服县""AI 豆计划"等项目，通过给县域、乡村引入数字服务、人工智能等新型产业，正吸引越来越多的年轻人返乡就业，重构了小镇青年的奋斗路径，让县域、乡村重新焕发了生机与活力。阿里巴巴设计部"寻找远方的美好"项目组凭借设计师的专业能力，帮助欠发达县域免费设计区域品牌全案，让美丽乡村被看见。高德地图"一键智慧游"则用一张张数字化地图帮助乡村把游客引进来、让特色走出去，为中国乡村搭建一条乡村振兴的"数字化之路"。

"客服县"： CCO 助力县城发展数字产业①

"客服县"是阿里巴巴集团客户体验事业部（CCO）探索出来的将数字产业落地县城，同时促进数字服务业人才的培养与就业的一种创新模式。

面对欠发达地区县域产业空洞、整体就业环境不佳的现状，结合阿里巴巴政企项目在疫情期间成熟的运营经验，CCO 尝试探索新用工模式：在县区建设客户体验中心，由地方政府提供"拎包入住"式的基础设施，阿里巴巴输出数字服务业务，并提供人才培养和工作岗位，为小镇青年提供更多的就业机会，"客服县"

---

① 案例来源于阿里巴巴 2021 财年橙点公益榜年度十佳项目信息。

模式应运而生。

阿里 CCO 通过新产业，打破场地及用工人群限制，为欠发达地区输出数字服务产业，带动新就业，促进乡村振兴。

2020 年 7 月，"客服县"第一县正式落地江苏寻乌县。寻乌"客服县"坐落在幸福小镇，是当地电商产业园率先入驻的项目，项目开业时，当地电商产业园还没有园区的氛围，甚至在地图上都没有被标注。阿里巴巴客户体验中心项目的入驻，带来了新业态，带来了新就业机会，也带来了新活力。截至 2021 年 3 月，寻乌服务中心上岗人数超过 200 人，平均年龄 23~24 岁，大专及以上学历占比七成以上。在客户体验中心项目的带动下，周边的电商企业纷纷搬到园区，短短三个月，园区人气爆满，同时也带动了生态配套产业，饿了么外卖等数字化服务业态在产业园内也生长起来。

"客服县"模式具备很强的可复制性：

第一，运营标准与可控性高。客户体验中心采用的是类自营的模式，通过组织架构和人员支撑，确保了业务的高标准落地，可以保障"客户第一"的价值观传递和运营动作的一致性。

第二，地方政府支持力度大。"客服县"给县域带来了新经济产业，贡献了产值，也吸引了年轻人返乡就业，这是地方政府非常愿意看到也愿意去积极推动的事情。

通过第一批县域客户体验中心站点的摸索，"客服县"项目不断进行模式梳理，根据业务运营数据和区县情况建立"客服县"标准模型，这些数据基础又将指导下一批县域站点的选址、招聘、培训和资源调度。

"客服县"第一县落地寻乌以来，寻乌的示范效应不断扩大，全国 40 多个县（市、区）迅速响应，希望引进"客服县"模式。截止到 2022 年 8 月，已有 15 家"客服县"启动运营，65 个县域完成了全面现场考察和落实，签约 25 家"客服县"。

"客服县"催生新产业，带动新就业。截至 2021 年 1 月，"客服县"项目累计产生直接就业超过 1400 人次，间接影响近万人。返乡青年通过参与"客服县"项目可以获得稳定工作，就业人员可以实现月均 3000～5000 元的收入水平，优秀的客服月收入可达 8000 元以上，远远高于当地平均工资水平。数据同时显示，"客服县"项目有效带动了优秀年轻人返乡就业。寻乌项目从启动初期至今，仅半年多时间，人员结构中返乡员工占比从 30% 上升至 51%。

"寻找远方的美好"：让更多美丽乡村被发现[1]

阿里巴巴设计师团队在乡村走访调研中发现，众多民俗文化面临着巨大的外来文化冲击，美学教育的普遍缺失，实体物品往往追求实用性而忽略了设计所带来的美和传承的价值空间。不论是农产品的包装，还是街头的广告招牌，中国的县域和乡村大都缺乏设计美，导致其虽有最传统的文化、最美的风景和最好的农产品，却没能配上优质的设计和良好的体验。

阿里巴巴设计师岗包括体验设计、工业设计、建筑空间设计、创意设计、服务设计等，能有效覆盖乡村文化和农产品设计所需

---

[1]　案例部分信息来源于阿里巴巴 2021 财年橙点公益榜年度十佳项目信息。

要的所有专业能力。阿里巴巴设计事业部决定发起"寻找远方的美好"项目，整合全集团各项专业能力，做县域品牌整合设计，帮助提升欠发达地区农产品的市场竞争力，在保留乡村淳朴特色的同时，结合商业设计来延续逐渐丢失的中国民间传统文化。

用专业的设计结合当地的文化元素，让当地农产品的包装变得有灵魂，设计变得有活力，也让这些土特产走出大山，成为互联网上的销售爆款，为中国乡村振兴贡献一份社会力量。

"寻找远方的美好"项目组创造性地提出了"三感官维度"的县域农产品设计方法论，即"看见这里的美好""听见这里的美好"和"尝到这里的美好"。

"看到这里的美好"：打造县域形象及差异化的品牌认知，完善县域旅游产业的体验并重塑建筑空间设计，在淘宝上搭建"美丽乡村平台及数字化阵地"，让县域有自己的线上品牌阵地及销售渠道。

"尝到这里的美好"：帮助县域梳理及重塑县域核心地标商品体系，结合地域文化深化农产品的差异化竞争力，结合阿里电商渠道助力产品销售品牌的优化设计。

"听到这里的美好"：融合多维数字技术，传递地域民歌、民谣等当地特色音乐文化，并以年轻化语言重塑县域视听影像等旅游推广宣传片。

作为项目组在全国的第一个试点，项目组帮助宜君县设计了6个品类的农产品包装，县政府对包装实行统一的政府授权及门槛准入机制。同时，项目组在淘宝客户端为宜君县开辟了"扶贫馆—宜君专题"，帮助农产品做更多的推广。当地农产品的系列包装升级后，县里苹果零售价每箱平均提升 3 元，溢价 10%～20%，县内统计预估帮助当地每年增收高达 3000 万元。

完成宜君项目之后，项目组先后帮助了汪清县的松子、木耳，寻乌县的蜜桔、脐橙、百香果，城步县的蜂蜜、辣酱等县域农产品做了整合品牌设计方案。同时，项目组还顺便为当地的旅游服务体验设计和民宿产业的空间建筑设计提供了帮助。

为了让更多美丽乡村被重新发现，项目组成立名为"阿里兴农设计官"的横向虚拟公益组织，在公司内网持续招募设计师志愿者。2022 年 5 月，阿里巴巴设计部联合阿里公益又发起了"公益设计联盟"，面向全社会招募公益设计师，助力乡村振兴。目前联盟已有超过 1500 位设计师报名，项目组计划在未来一年里完成 20 个以上县域的品牌整合设计。

项目组希望做得更多，他们还发起了"艺起来"公益课，给乡村的留守儿童上美术课，通过线下及线上数字化的手段，带给贫困地区的孩子更多美的教育，为乡村留下美的种子。

旅游扶贫地图：让更多游客来到乡村旅游

每逢假期，许多著名景点都人满为患，而不少有着秀美山水、独具韵味的乡村却"身在闺阁无人知"。随着自驾游的旅游形式越来越受到年轻游客的欢迎，如何在出行无顾虑的情况下，让大家有更多的选择去更多的美丽乡村？作为知名出行平台、拥有海量的自驾用户群的高德地图，发起了"公益一键游"项目，用科技的方式，做好自驾游用户和乡村之间的联结服务。

1) 第一代项目——"河南省旅游扶贫地图"

"公益一键游"源自高德地图和河南省旅游局于2018年3月联合发布的"河南省旅游扶贫地图"项目。旅游扶贫地图作为第一代项目，帮助河南省贫困县的景点实现上图，同时助力贫困县在高德地图上完善了吃、住、行、药店、厕所、加油站等信息。项目覆盖了河南省53个贫困县的2032个景点，上线不到半年，共有1800万人次在高德地图上对这些贫困县景点进行搜索查询，其中有450万人次规划了去往景点的路线。

2) 第二代项目——"山西旅游扶贫地图"

2018年"山西旅游扶贫地图"发布，山西省聚焦"黄河、长城、太行"三大贫困板块地区，上线100个旅游扶贫示范村，展示示范村特产和特色文旅风貌，为游客提供吃、住、行、游、购、厕等全方位旅游信息服务。

3) 第三代项目——"小店发光公益计划"

2019年，"小店发光公益计划"启动。"河南省旅游扶贫地图"升级，推出"小店发光公益计划"。河南省文旅厅启动专项资金补贴激励，以旅游为龙头，通过景区来带动周边小店，为疫情后的河南旅游复苏和发展聚智聚力。截至2020年5月，河南省的小店入驻量已超过30万家，这些小店在入驻高德地图30天后，曝光次数增长率超过70%。①

4) 第四代项目——"高德公益一键游"

2021年11月，"高德公益一键游"正式启动。项目包含了县

---

① 阿里巴巴集团. 阿里巴巴乡村振兴基金报告（2021）[R]. 2021: 39.

域门户智慧化建设及县域旅游榜单建设，游客通过高德地图 App，可以快速获知县域概括、旅游动态、交通枢纽位置、特色旅游玩法、核心旅游景点榜单等信息。截止到 2022 年 1 月，项目累计帮助四川甘孜、山西平顺标注百余个旅游景点和旅游特色村等游客兴趣的信息，并为山西平顺建设完成乡村振兴公益一键游、旅游指南，为湖南永顺建设完成万马归巢、老司城景区公益一键游服务，助力乡村旅游经济发展。

旅游扶贫地图项目的落脚点，从县域，到乡村景点，再到周边小店。在用户出行的数字化场景中，高德将旅游景点、消费场域不断数字化、在线化，帮助用户完成出游决策、增强出游意愿、提升出游体验，最终形成引导游客到乡村旅游、到地方消费的完整闭环。

6.2.3 全周期培育，助力人才振兴

我国经济增长方式将由要素驱动转向由技术和创新驱动，而实现这一转变的关键是提升人力资本素质。乡村和城市之间的差距，本质上是由人的素质差距决定的。乡村振兴，必须以人才振兴为前提。人才是助力乡村振兴发展的基础和关键要素。

基于人力资源的角度，人才指的不仅仅是处在劳动周期的人，还应该包括全生命周期的人，他们正在或将为社会发展做出相应的贡献。从关心 0~3 岁的儿童，到关心乡村孩子的基础教育，再到关心乡村青年的职业能力提升，阿里巴巴和阿里巴巴公益生态体①正

---

① 阿里巴巴公益生态体指的是由阿里巴巴集团的创始人、合伙人或合作办学单位创办的公益基金会和公益团队。

在通过公益的方式，逐渐建立起面向乡村的全生命周期的人才公益培育体系，助力乡村振兴。

养育未来：为乡村 0~3 岁儿童提供早期发展机会

0~3 岁是儿童早期发展的黄金时期。诺贝尔经济学奖得主詹姆斯·赫克曼（James Heckman）指出，对 0~3 岁婴幼儿阶段的投入，决定了一个人未来 85% 的认知和智力水平，年龄越小，教育投资的回报越高。近年来，我国也越来越重视婴幼儿照护，出台了包括《国家中长期教育改革和发展规划纲要》《国家贫困地区儿童发展规划（2014—2020 年）》《关于促进 3 岁以下婴幼儿照护服务发展的指导意见》等一系列政策，保障 0~3 岁婴幼儿的生存和发展。

而在乡村，由于大部分家长既不清楚早期发展的重要性，又缺少有效的陪伴方法，乡村孩子的各项发展能力存在相对滞后的情况。乡村儿童早期发展的问题不解决，终将会成为影响中国乡村和全社会发展的根源性问题。做好乡村儿童发展事业，就是在为中国乡村培养未来的人才，就是在为中国乡村培育未来的竞争力。

为了更好地促进农村地区儿童的发展，2017 年 12 月，由阿里巴巴 12 位女性合伙人发起，关注困境中的女性和儿童的浙江省湖畔魔豆公益基金会联合国家卫健委干部培训中心、陕西师范大学教育实验经济研究所、地方政府等重要合作伙伴共同推出了"养育未来"项目县域模式，为 0~3 岁婴幼儿家庭提供养育指导与服务，同时也为农村地区儿童发展事业探索一条从成本预估、人员配置到收益计算的可行道路。

项目围绕乡村 0~3 岁婴幼儿和家庭的需求，在当地村镇建设养育中心，围绕中心结合家访、家庭小组活动的形式，在县域范围提供服务，帮助家长提高养育意识、改善养育行为，促进儿童四大能力发育，降低其早期发展滞后的风险。

"养育未来"项目形成了"政府主导，专家支持，社会参与"的三位一体运行模式。陕西省宁陕县成为"养育未来"项目的第一个县域试点。宁陕县政府负责场地及硬件投入，主导项目的落地和运营；课程体系及专家支持则来自"农村教育行动计划"（REAP）① 团队，湖畔魔豆公益基金会负责玩具、教具、绘本、软件及人力资源等相关投入。

截至 2020 年底，"养育未来"县域模式已落地陕西省宁陕县、陕西省清涧县、江西省寻乌县三个试点，建设 30 个养育中心、3 个服务点，培训 115 名养育师和 13 名管理干事；累计服务 0~3 岁儿童 2840 人，照养 4727 人，开展一对一亲子课程 57201 节，举办集体活动 4698 场次。② 经专业评估研究验证，项目对婴幼儿的沟通、精细运动能力及早期综合发展水平方面有显著提高。该项目还获得了 2020 年世界教育创新峰会（WISE）项目奖，是中国首个获得该奖项的婴幼儿早期发展项目。

---

① 农村教育行动计划（Rural Education Action Project，以下简称 REAP），主要由美国斯坦福大学、中国科学院农村政策研究中心和陕西师范大学教育实验经济研究所学者共同参与运营，并与很多其他组织、公司和政府部门合作开展项目。陕西师范大学教育实验经济研究所史耀疆教授于 2012 年开始带团队展开儿童养育的田园研究和试点探索。
② 阿里巴巴集团. 阿里巴巴集团社会责任报告（2020—2021）［R］. 2021：20.

"养育未来"项目正在培育中国未来的希望，从这个角度而言，它也是我们新时代的"希望工程"。

乡村教育：让每个乡村孩子成为最好的自己

马云公益基金会是由马云先生于 2014 年 12 月 15 日发起并捐赠成立的，重点关注教育发展领域，尤其是乡村教育。在马云看来，"乡村是中国教育最大的突破口，也是机会所在"。针对乡村教育，马云公益基金会形成了一整套支持体系，先后推出了"乡村教师计划""乡村校长计划""乡村师范生计划"和"乡村寄宿制学校计划"等项目，持续推动乡村教育的创新和发展，增进社会对乡村教师的理解，激发社会对乡村教育的更大关注，带动更多的社会人士投身乡村教育、发展乡村教育。

1）乡村教师计划——激励乡村教师

2015 年 9 月，"乡村教师计划"正式发起，通过寻找标杆、专项激励、平台支持和示范引领等项目实施内容，帮助有情怀、有智慧的乡村教师发展专业与教育实践能力，在乡村教育一线帮助乡村儿童健康、快乐成长。

2）乡村校长计划——助力"乡村教育家"

2016 年 7 月，马云公益基金会正式发布首届"乡村校长计划"，核心目标是发现并助力新一代具有优秀领导力的"乡村教育家"。该计划每年在全国范围内评选出 20 位优秀的"乡村教育家"代表，为他们每人提供总计 50 万元的支持。

3）乡村寄宿制学校计划——让乡村寄宿儿童成为最好的自己

2017 年 11 月，马云公益基金会启动"乡村寄宿制学校计划"，通过树立标杆、县域资助、推广经验模式和社会参与等项目实施内容，在重点县（市）/州助力教育部门优化教育资源布局，积累乡村寄宿制学校的运营管理经验，让更多乡村寄宿儿童享受良好的教育资源和成长环境，成为最好的自己。截至 2021 年底，马云公益基金会已助力 10 个省（自治区、直辖市）16 个县（市）/州的 30 所乡村寄宿制学校开展硬软件提升，使 8163 名寄宿学生受益。

4）乡村师范生计划——培养未来"乡村教育家"

2017 年 12 月，马云公益基金会正式发布"乡村师范生计划"，核心目标是为中国乡村教育注入新生力量，发现和培养未来乡村教育人才。该计划采用定向招募和联合选拔机制，为即将签约服务乡村学校的应届优秀师范毕业生提供持续 5 年共计 10 万元的现金资助和专业发展机会。

蔡崇信公益基金会由阿里巴巴集团董事局执行副主席蔡崇信先生于 2018 年 8 月发起并捐赠。"以体树人"是蔡崇信公益基金会最重要的使命之一。基金会致力于通过教育、体育来激励年轻一代追求自身的健康和全面发展，希望通过传播"体教融合"的理念，让年轻一代通过体育塑造个人领导力和更健全的品格。

"以体树人教育联盟"以让每一个孩子都能通过体育获得成长为项目愿景，以协助联盟学校搭建完善的以体树人教育体系、提升学校教师体育教学能力、提高学生运动能力和综合素质、使"以体树人"成为学校核心办学理念之一为项目总目标，助力学校以体树人。"以体树人教育联盟"鼓励学校组织全员参与体育赛事，在硬件上为学校提供各类运动器材、场地建设等支持，共计投入 330 万元。截至 2021 年底,"以体树人教育联盟"惠及河北、浙江、云南等省份的 40 所学校,帮助 5.7 万名中小学生提升运动时长和运动质量。其中乡村学校有 26 所,占比达到 65%,共计覆盖 3.3 万名中小学生。①

橙星计划:做乡村儿童的科普启蒙老师②

数字技术不仅仅是一种工具,它已经被深度商品化。当城市儿童浸润在互联网环境中,从小就可以熟练使用计算机甚至学习编程的时候,乡村儿童和青少年大多没有条件接触数字设备、学习数字能力。乡村儿童处在数字技术圈层边缘,他们与城市学生之间的数字鸿沟,既有数字设备的"接入鸿沟",也有习惯不同和能力差异所导致的"使用鸿沟"。数字鸿沟是农村在经济空心化、文化虚空之后的又一荒芜症候,它源自社会分化,反过来又会加剧社会阶层的分化。

驱动技术发展的是背后的梦想。阿里巴巴 CTO 线于 2022 年 7 月发起了"橙星计划",希望通过在公司内部招募科普志愿者加以培训,辅之以多样化的运营活动,解决欠发达地区儿童欠缺信息技术知识和能力的问题,点燃乡村孩子学习科学技术的热情,播下科技创新的种子,弥合城乡数字鸿沟。

"橙星计划"在阿里巴巴集团内部招募 500 多名技术科普志愿者,通过线上、线下公益讲座的形式,点燃孩子学习科技和技术的梦想。在活动中,项目也会积累优质科普课程、优秀科普志

---

① 阿里巴巴集团.阿里巴巴乡村振兴基金报告(2021)[R].2021:54.
② 案例信息来源于阿里巴巴 CTO 办公室相关项目资料。

愿者、实用又落地的师资培训经验等，将优质课程内容及教材、视频等在线上进行共享并开辟直播课程，持续助力乡村振兴和共同富裕。

图 28　"橙星计划"的教学现场

2022 年 7 月项目启动后，阿里巴巴技术副总裁朋新宇给陕西清涧县职业技术学校、清涧中学的 40 多名高中学生上了阿里巴巴"橙星计划"第一课，结合自身的经历给孩子们讲述了《如何做最好的自己》，孩子们反响热烈，深受鼓舞。

科普第一课开讲后，"橙星计划"志愿者团队来到云南澜沧站。阿里技术志愿者为孩子们讲解《什么是程序员》和《什么是外卖链路》等讲座，帮助乡村青少年群体了解"技术人"的成长路径和职业方向，了解数字消费背后的技术。技术志愿者还为当地教师上了 python 和 scratch 系列课程，为乡村技术教师"充电"、提升技术，希望通过乡村技术教师帮到更多的乡村孩子。

8 月，"橙星计划"志愿者团队来到四川凉山喜德县，给孩子们带来他们人生的第一堂科普课程，并给当地孩子进行编程启蒙，接下来志愿者团队也将通过在线的方式，继续当好他们的"科普老师"。

"橙点同学"、蔡崇信公益基金：助力乡村培养职业技术人才

"橙点同学"是阿里巴巴CTO线推出来的技术普惠人才培养平台，面向广大县域职业技术学校的学生，提供"学、训、赛、考、聘"一站式在线服务，全方位提升职业技能和就业水平。当前，"橙点同学"已经成为面向全社会开放的线上学习平台，为数字经济人才提供数实融合的终身成长路线。

阿里巴巴CTO先通过实地到学校开展深度调查研究，将实际需求与集团技术特点优势密切结合，通过建设学习、认证、就业一体化的普惠教育平台，培养数字经济发展优质人才。同时以就业为核心导向，根据中职、高职学校学生基础的不同因地施策，在高职学校以就业为导向进行校企合作，开展多样性的校企交流活动和双选会活动；在中职学校以服务学校高质量发展为核心，与学校在丰富教学资源、提升师资能力、开阔学生眼界等方面进行合作。

"橙点同学"平台在内容上，以岗位为核心，提供数字科技类、商贸类、物流类的课程和学习资源；在运营上，以服务人才高质量就业为导向，做到高质、高效的人才与岗位的供需匹配；在平台上，以技术驱动平台高质量服务学员全生命周期的学习，为人才培养、认定、就业提供平台技术支撑。平台的运营目标是在不远的未来能为欠发达地区培养超过20万名数字化人才。

蔡崇信公益基金会针对中西部欠发达地区中职学校教师专业技能薄弱、学生专业水平有限、升学与就业迷茫等现象，于2018

图 29 "橙点同学"平台的首页示意图（2022 年 10 月）

年 8 月启动了"蔡崇信职业教育计划"。截至 2021 年底，基金会在全国脱贫摘帽贫困县、乡村振兴重点县域累计影响中职学生 50863 人，累计培训影响 7175 名中职教师。

截至 2020 年底，蔡崇信公益基金会组织开展 837 场次的职业教育学生培训，惠及 4798 人次；蔡崇信公益基金会分别在河北滦平县、武邑县、张北县、灵寿县，安徽金寨县，江西寻乌县 6 个县推出 9 个就业实训班，其中，影视后期制作专业的优秀毕业生最高月薪已超过 8000 元，真正实现了"培养一个人，带动一个家"的目标。

蔡崇信公益基金会与专业培训服务商一起深度参与河南民权县、贵州天柱县职校电商美工专业共建，截至 2020 年底，专业共建共惠及职校学生 300 多人、职教老师 11 人。①

① 阿里巴巴集团. 阿里巴巴社会责任报告（2020—2021）［R］. 2021：18.

直播培训：培养乡村直播人才

近年来，随着直播的火爆，越来越多的人通过直播来购物，但是乡村非常缺少电商直播人才，导致乡村的很多农产品缺少被发现的机会。为了让手机变成新农具、数据变成新农资，为农民增添生活技能，为偏远地区提供发展的新机遇，阿里巴巴聚合平台资源优势，推动"村播计划""淘宝直播培训"项目落地，加强农村电商人才培育力度，不断培育、壮大乡村本地的电商直播人才队伍，为乡村振兴提供人才支撑。

2019年1月10日，在阿里巴巴技术脱贫大会现场，淘宝宣布启动"村播脱贫计划"，阿里电商脱贫直播模式自此拉开序幕。"村播计划"落地以来，不断鼓励和组织主播在淘宝直播进行农产品销售，3年多来培训助农主播数已超11万。在推进"村播计划"落实的过程中，阿里巴巴主动推动模式下沉，在当地培育有本地特色的主播，开展农民主播培训，帮助贫困县域培养更多的直播人才，让田间地头都可以成为农民的直播间，展示最真实的面貌，使农民可以凭借自己的能力做到真正的脱贫致富。

"村播计划"2019年线下定点培训村播学员4000人，2020年共开展线下培训174场，培训超过1万名新农人，其中约3000人注册成为"村播计划"主播。[①] 2021年，"村播计划"的培训持续升级，发布线上课程培训体系，让农人足不出户接受直播技能培训，提高了村播培训的覆盖面和效率。截至2021年10月，已有累

---

① 阿里巴巴集团. 阿里巴巴乡村振兴基金报告（2021）［R］. 2021：46.

计超过 5000 人次参与线上课程培训。

"村播计划"还通过每月开展"新农人挑战赛",多维度锻炼新农人主播的能力,帮助新农人更好地掌握直播各项数据指标的意义及直播技巧,比赛另设流量和现金奖励,充分激发了新农人主播参赛的积极性。截至 2021 年底,"新农人挑战赛"已举办两届,总报名人数 2562 人。

阿里健康公益基层医生培训:建设一支带不走的医疗队

乡村振兴路上,广大基层医生是基层百姓健康的"守门人",支撑着我国的卫生"网底"。近年来,党和国家高度重视基层医生队伍建设,加大基层医疗体系支持力度,致力于改善基层医疗卫生服务水平,推进基层医疗卫生事业的发展。

阿里巴巴结合基层医疗卫生痛点,持续开展"阿里健康公益基层医生培训"医疗帮扶项目,依托互联网优势,搭建医疗帮扶平台,不断提高基层医生诊疗水平和服务能力,助力基层医疗健康水平发展。同时,通过大力实施"蔡崇信医护人才培养计划",努力培养扎根基层的健康守护者,为增进人民群众的健康福祉做出应有贡献。

为了提升基层医疗能力,实现百姓看病不出县,2020 年 8 月,阿里健康联合阿里巴巴公益基金会,与顶级医学协会及专家合作,搭建基层医生培训平台。从县级医院医生能力的提升入手,在线提供专科系列讲座、病例讨论和远程专家协助,帮助县级医生提升诊疗能力,普及基层实用手术技术,提高基层急重症救治能力,让基层百姓实现在家附近享受同质的医疗服务。

2021年，"阿里健康公益基层医生培训平台"为提升基层百姓"最后一公里"的医疗服务质量，拓展了对村医的培训课程，提升他们对多发病、常见病的鉴别能力，降低误诊率。平台已经覆盖600个村卫生室，培训村医1.4万人次。截至2021年底，"阿里健康公益基层医生培训平台"项目走进青海玉树、四川甘孜等地进行线下帮扶；线上平台已覆盖青海、四川、陕西等31个省（自治区、直辖市）82个城市的409个县医院，累计培训县域医院医生7万余人次，真正做到了培养一支高水平、带不走的医疗人才队伍，守护基层百姓健康。①

针对县域医院医护人员专业能力亟待提升的实际情况，2020年，蔡崇信公益基金会宣布，捐赠2500万元，同阿里健康、中国医院协会签约，全面启动"蔡崇信医护人才培养计划"。项目启动后，基金会整合各方资源和优势，致力于从点到面，为基层县域打造呼吸内科、心内科等诊疗需求迫切的专科的人才梯队，并通过专家带教等方式，切实促进更多基层医护人员成长，夯实县域医共体和分级诊疗网络的建设。

6.2.4 技术赋能，助力科技振兴

"乡村振兴技术官"：把技术写在大地上②

2021年世界互联网大会上，阿里巴巴董事局主席张勇公布了服务乡村振兴的新行动——派驻"乡村振兴技术官"到田间地头

---

① 阿里巴巴集团. 阿里巴巴乡村振兴基金报告（2021）［R］. 2021：60.
② 案例信息来源于阿里巴巴CTO办公室相关项目资料。

去，通过送技术下乡，为县域提供技术保障、培训与支持，为乡村提供更有力的技术人才支撑。

2021 年云栖大会上，阿里巴巴 CTO 程立提出："我们希望人才培养和科技普惠能够助力解决乡村振兴的问题。这背后，人才特别关键，有了人才之后，我们授人的才是真正三点水的'渔'……唯一的办法就是让乡村有自己核心的人才，所以我们提出'乡村振兴技术官计划'，让每个乡村都有自己的技术官，他能够带领乡村科技的振兴，培养乡村的科技人才。"

"乡村振兴技术官计划"启动后，阿里巴巴通过严格筛选和层层选拔，选派一批德行兼备的技术人员下沉到基层，"乡村振兴技术官"们转变了固有的帮扶理念，依靠专业的技术，帮助乡村发挥特色优势，获取新的技能，通过送技术下乡"授人以渔"，为县域带去一套完整的技术解决方案，助力解决实际生产中的技术问题。

2021 年以来，阿里巴巴累计选派超过 220 名员工作为"乡村振兴技术官"，在山西、四川、河北、湖南、陕西、云南、青海、江西等 8 个省的 12 个欠发达县域开展数字化志愿服务，项目涵盖田野文物保护、农产品溯源、数字治理、智慧文旅等，践行科技助农、科技兴农。

种业振兴：解决农业中的"卡脖子"

国以农为本，农以种为先。种子是基础农业生产资料，是保障国家粮食安全的根本，是农业的"芯片"。国际上，一流种业已步入以生物大数据技术为基础的智能化设计育种 4.0 时代，我国生物育种技术与发达国家相比存在较大差距，仍有可能被"卡脖子"。

2020 年 1 月，中央经济会议要求开展种源"卡脖子"技术攻关，提倡保障种子安全，开启智慧育种 4.0 模式。相比全球育种 4.0 模式，中国更需要搭建全球领先的数字化育种平台，这样才能实现育种技术的赶超。但搭建智慧育种平台研发门槛高、自主创新性强，技术难题成为搭建智慧育种平台的巨大挑战。

面对种源"卡脖子"难题，阿里巴巴针对水稻、玉米、棉花、大豆等农作物，尝试在种子科技创新层面发挥云计算的力量。阿里巴巴首次在农业中运用"大数据计算加速+生物信息+AI 算法"，实现了基因型表型工作的更快速、更准确的计算，计算速度提升百倍，准确率提升 0.5%～2%；通过模拟作物生长气候、土壤以及生长周期等信息，综合各类数据进行智能育种决策，大大缩短育种的周期和时间；构建覆盖作物育种全链条的、智能化的公共服务平台，为国内育种专家提供公益、普惠的研究，帮助乡村群众采购性价比更高的国产种子，以科技力量助力种业高质量发展。

乡村治理：数字让百姓生活更便利

阿里巴巴依托钉钉数字化组织管理和协同的优势，打造钉钉"百姓通"，通过"居民通讯录""协同应急""数字党建""积分管理""民情反馈"等建设，实现乡村治理和为民服务的在线化、精准化、实时化，并将乡村治理重要事务量化为积分指标，通过积分管理，激发村民参与乡村治理的内生动力，提高乡村治理效能。

钉钉"百姓通"用数字化方式克服了乡村治理中人口精准

管理难、群众内生动力弱、村集体凝聚力低、政务服务的"最后一公里"难以落实这四大难点。截至 2021 年底，钉钉"百姓通"已覆盖全国 266 个县域，其中原国家级贫困县有 31 个，有效提升了乡村治理数字化水平。

阿里巴巴乡村振兴基金以科技、产业和平台能力为关键支点，联合阿里云，围绕农业产业为欠发达地区提供数字农业解决方案。项目结合地方产业，基于人工智能、物联网技术，围绕产业链各主体建设农业产业服务平台，通过科学种植管控、精细化收购等一整套解决方案，帮助企业推动品牌提档升级、果农实现增收、政府完成科学产业规划。

图 30　为陇南县开发的油橄榄产业一体化管理系统（示意图）

6.3　生态公益：共建可持续的未来

生态环境是全人类生活的依托，也是企业赖以生存的土壤。面对日益严峻的环境问题，每一个企业都应该承担起保护环境、助力可持续发展的社会责任。2021 年初，"碳中和"被首次正式写入政府工作报告，报告提出"2030 年碳达峰""2060 年碳中和"的六十年计划。

围绕着国家生态战略和碳中和战略，构建一个亲生态的循环经济模式，已经成为一家负责任公司的职责所在。阿里巴巴的 ESG 战略围绕中国"双碳"目标来制定阿里巴巴的碳中和路径，在确保自身成为一家健康、可持续公司的同时，也和客户、生态伙伴一起搭建绿色、可持续的新商业生态。

阿里巴巴为碳中和目标特别设立了三层治理架构：在董事会层面，设立"可持续发展委员会"；设立"可持续发展管理委员会"负责日常统筹和管理；在各业务单元，设立 ESG 工作组。2021 年 12 月，阿里巴巴正式发布《阿里巴巴碳中和行动报告》，该报告是国内互联网科技企业发布的首个碳中和行动报告。

（1）制定三大行动目标，目标生态减碳 15 亿吨。结合自身业务提出三大行动目标：不晚于 2030 年实现自身运营碳中和；不晚于 2030 年实现上下游价值链碳排放强度减半，率先实现云计算的碳中和，成为绿色云；用 15 年时间，以平台之力带动生态减碳 15 亿吨。

（2）发布"阿里云能耗宝"，助力中小企业节能减碳。能耗宝是基于阿里云大数据计算及人工智能技术，包含能耗管理和碳排管理两大子产品，面向建筑、工业园区、学校、社区等不同类型的用能主体，帮助企业做好碳排放的全链路管理的应用服务产品。

（3）开放 9 项低碳发明专利，推动绿色科技创新。2022 年 4 月 22 日世界地球日，阿里巴巴宣布加入 LCPP（Low Carbon Patent Pledge，低碳专利承诺），将向国内外企业开放 9 项数据中心低碳发明专利。据悉，这些专利主要涉及液冷服务器系统设计、磁盘功耗管理、数据中心模块化设计以及计算引擎的资源调度等，其中 5 项与液冷技术相关。

确保自身成为一家健康、可持续的公司，同时也和客户、生态伙伴一起搭建绿色、可持续的新商业生态，这需要在业务层面上通过具体的项目落地去贯彻实现。无论是支付宝的"蚂蚁森林"、高德和北京市一起推出的"MaaS＋碳普惠"，还是菜鸟的"环保减塑"等项目，都是依托相关的业务功能板块，在具体的生活场景中创新出来的企业公益项目。

6.3.1　高德："MaaS+碳普惠"①

在"双碳目标"之下，城市交通出行必然面临着重大的变革，高德试图从 MaaS（Mobility as a Service，出行即服务）的角度给出答案。MaaS 是近年来全球交通领域出现的新理念，其核心是从拥有车辆转变为拥有交通服务，通过一体化交通出行和一站式服务，改善市民公共出行体验，目前已成为全球各大城市重点关注和共同追求的国际趋势。

2019 年 11 月，北京市交通委员会与高德签订战略合作框架协议，共同启动了北京交通绿色出行一体化服务平台（简称"北京MaaS 平台"）。双方采用政企合作模式，共享融合交通大数据，依托高德地图 App，打造国内首个落地实施的一体化出行平台应用试点，为市民提供整合多种交通方式的一体化、全流程的智慧出行服务。

1）MaaS 的运营机制

项目采用的是政企合作模式。

---

① 案例来源于阿里巴巴 2022 财年公益榜十佳项目信息。

北京市政府主要在政策、数据和宣传上支持项目的落地开展：在政策上，提供碳市场交易、用户权益方面的政策支持；在数据上，共享公交、地铁、单车、停车等相关出行数据并提供接口支持；在市场宣传方面，整合城市公共出行场景的线下资源和政府官方线上宣传资源，为项目推广做宣传支持。

高德主要的职责是负责移动端所有一体化出行服务的应用落地、移动端用户运营、走通碳普惠闭环流程、为用户提供高价值的用户权益，以及提供移动端线上场景市场宣传。

在用户运营机制上，高德制定了三阶段的运营方式，分别解决好用、愿意用、用的有价值的问题：

第一个阶段是完善公众绿色出行全品类服务，让用户节省出行时间，获得更好的出行体验，让用户觉得"好用"。由于 MaaS 平台的搭建，北京民众可以在一个出行服务平台上获得整合了不同交通方式的、满足个性化需求的出行方案，包括公交路线规划、实时公交到站时间、步行距离、换乘选择等，从而做出更佳的出行计划。

第二个阶段是让公众从绿色出行中获得切实可得的实惠，提高用户使用感，让用户"愿意用"。2020 年高德和北京市政府共同启动了"MaaS 出行绿动全城"行动，推出了绿色出行碳普惠激励措施，让用户绿色出行的同时可以拿到各种奖励，包括交通卡充值券、公交乘车权益、电商消费券等，以此吸引用户持续绿色出行。上线一年半的时间里，北京 MaaS 碳普惠激励措施已经吸引了超百万人参与。

第三个阶段是让公众通过绿色出行，感受到节碳习惯所带来的环境变化，让用户有"价值感"。2021 年 9 月高德完成了北京绿色出行碳普惠首笔碳交易的意向签约，这也是全球首次通过市场化交易，将个人绿色出行方式转化为物质和精神激励，签约方为北京市政路桥建材集团有限公司，交易量为 1.5 万吨。2021 年 11 月"MaaS"再次升级，绿色出行的用户使用自己的碳积分可以兑换利己的奖励，也可以兑换公益项目，让绿色从出行延伸到生态公益。碳交易市场及公益生态的接入，凸显了用户的低碳行为的价值。

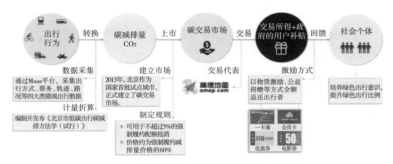

图 31　北京 MaaS 模式的运作示意图

2）项目成果及意义

北京 MaaS 平台为用户提供分类引导、实时公交预报、地铁拥挤度预报、个性化综合交通出行规划、错峰出行引导、绿色出行激励等服务，提高市民公共出行体验。根据统计，截至 2020 年底，MaaS 累计为超过 3000 万人提供了近 40 亿人次的 MaaS 绿色出行服务，平台日均绿色出行达 1296 万人次。

自 2020 年 11 月至 2021 年 4 月，项目已产生 2.45 万吨的节碳量，通过技术创新全面记录用户的步行、自行车、公共交通等绿色出行方式、出行里程和速度等要素，利用中国自愿减排方法学核算全量用户的国家核证自愿碳减排量（CCER），自主开发形成"高德北京低碳出行"项目。项目减排量已由具有资质的第三方认证公司认证。

北京 MaaS 项目通过优质的绿色出行信息化服务、可持续的运营发展模式，引导人们选择绿色出行，也促进人们形成绿色出行理念。北京 MaaS 接入碳交易市场是全球首次通过市场化交易，将个人绿色出行方式转化为物质和精神激励，搭建了社会效益和公众意愿之间的桥梁，助力城市交通实现碳中和、碳达峰。

北京绿色出行碳普惠活动的实践经验在全国范围内也具有很强的示范效应，未来随着城市低碳转型以及数字经济与一体化出行的纵深发展，具备在全国范围内推广的可能性。北京 MaaS 项目在一个城市的交通领域的创新实践，在助力中国"双碳"目标达成上，有着积极的实践意义。

6.3.2 菜鸟："菜鸟海洋"①

2018 年联合国数据显示，全世界每年消耗 5000 亿个塑料袋，每分钟卖出 100 万个塑料瓶，而大部分塑料制品被丢弃在户外并最终进入海洋，数量高达每年 800 万吨，相当于平均每秒钟就有一卡车的塑料垃圾被倒入海中。另外，每年有 100 万只海鸟和 10 万只海洋哺乳动物因塑料污染而丧生。根据世界自然基金会（WWF）的数据，超过 270 个物种曾被塑料垃圾缠绕身体，超过 240 个物种

---

① 案例来源于阿里巴巴 2021 财年橙点公益榜 15 强项目信息。

曾食入塑料垃圾。①

人类产生的塑料污染对自然环境产生了严重的影响，而这些污染最终也会影响到人类。如今在世界各地的海鲜、海盐中，均已检出微塑料颗粒，这些物质对人体有潜在危害，不仅如此，全球塑料产量的增加也会导致二氧化碳排放的增加，最终产生温室效应。

2020 年，菜鸟推出了"菜鸟海洋"公益项目，项目通过接入丰富的生活减塑场景，倡导用户践行减塑环保行动。如果说支付宝的"蚂蚁森林"让数亿人一起参与了森林生态建设，那么"菜鸟海洋"也是一个游戏化的生态公益项目，拓展了人们对环境议题的关注范围。

菜鸟通过咨询自然资源领域的专家，结合菜鸟业务的实际状况，给"菜鸟海洋"项目制定了减少增量和减少存量并举的海洋减塑策略：①减少增量。找到关键减塑场景，号召民众行动，从源头减少陆地塑料垃圾。②减少存量。和公益组织、志愿者一起，清理河流和海滩的存量塑料。

源头减塑——聚焦关键减塑业务场景

结合业务进行减塑是最直接的方式。"菜鸟海洋"项目深入菜鸟业务，最终找到 3 个减塑效果最明显的场景：

（1）绿色寄件。消费者使用菜鸟裹裹寄快递时，菜鸟驿站以

---

① 摆脱塑缚. 摆脱塑缚联手 WWF 成立"中国净塑行动网络"［EB/OL］.（2019-06-12）. https：//www.huanbao-world.com/a/gufeichuli/106992.html.

及合作快递公司会免费提供生物基环保袋供消费者选择，每个环保袋减少 20% 的塑料使用，约 4.4 克。

（2）驿站回箱。菜鸟在 2017 年就推出了"回箱计划"，在菜鸟驿站里放置了绿色回收箱，用户在菜鸟驿站领取包裹后可以直接拆封包裹，并将废弃包装投入绿色回收箱中实现包装材料的重复利用。

（3）使用减塑包裹。菜鸟提供免费流量，鼓励通过菜鸟供应链发货的电商卖家使用减塑包裹（拉链箱、原箱发货、生物基环保袋等环保包材），并在物流详情页为这些减塑包裹打上了特别标记，让消费者了解环保包装的意义。

虚拟减塑——小游戏链接现实净塑行动

"菜鸟海洋"小程序类似于"蚂蚁森林"，是用户线上参与减塑公益活动的平台。其不仅是海洋生态环保的宣传平台，用户的环保行为在游戏中也可以获得虚拟蓝色能量，一系列动作后，最后可以转化为真正的净化海洋塑料的公益动作。

菜鸟校园驿站目前已覆盖全国超过 3000 所学校，覆盖 300 多个城市，服务 2800 万名学校师生。"菜鸟海洋"发起的"千校环保行动"在高校刮起了一场减塑"旋风"。这也是目前由物流行业发起的国内规模最大、参与人数最多的一次校园环保行动。

大学生们参与绿色寄件、驿站回箱、使用减塑包裹等减塑业务场景的活动，可通过"菜鸟海洋"小游戏获得虚拟蓝色能量，实现了现实到虚拟的转化。在"千校环保行动"中，全国高校共回收 76 万个可循环利用的包材，相当于减少 15 吨塑料寄件袋的

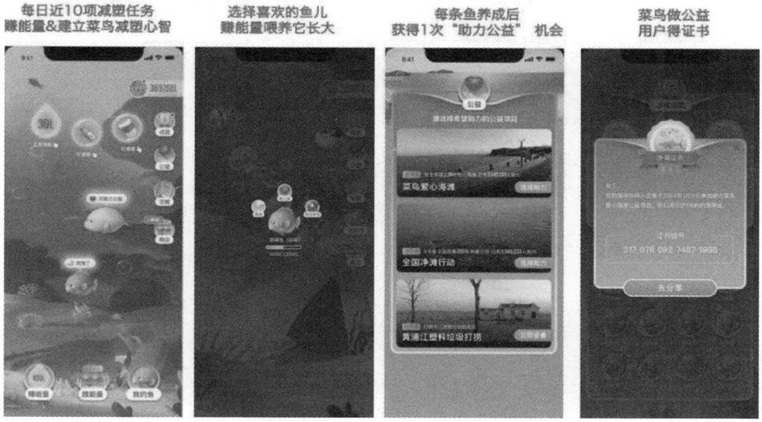

图 32 "菜鸟海洋"的线上活动流程

消耗。

大学生们同样可以通过完成"菜鸟海洋"中清理虚拟海洋垃圾、减塑环保等任务赚取虚拟蓝色能量，所有的虚拟蓝色能量都可以转化为现实中真正的净化海滩塑料的公益活动。这个过程就实现了虚拟到现实的价值转化。

"菜鸟海洋"与上海仁渡海洋公益发展中心合作，把每位用户参与净化的海滩面积落地成真实的净滩拾废行动。在试运行期间，"菜鸟海洋"已经在 58 个城市开展了 200 多场净滩行动，清理海岸线长度超过 120 公里。

在净滩过程中，菜鸟又与政府和非政府组织碰撞出"认领"爱心海滩的想法，并于 2020 年 12 月在福建平潭落地了首个菜鸟爱心海滩。菜鸟向当地政府捐赠了环保宣传立牌、垃圾桶等设施，并赞助当地持续开展净滩、环境监测和环保课堂。

在不到一年的时间里，"菜鸟海洋"取得了相当不错的成绩。

目前，"菜鸟海洋"项目已实现平均每月减少 185 吨塑料垃圾的产生。除此之外，"菜鸟海洋"在 2020 年"双 11"期间号召用户完成了 1000 万人次减塑行为，"四通一达"等快递行业伙伴也纷纷响应减塑号召，加入到减塑行动的队伍中。

方法篇
企业如何公益

一己之享，何如众人之安；一日之费，
何如百年之惠。

——张謇

第 7 章

公益初心：构建企业公益的文化 DNA

我们一直坚信"公益的心态，商业的手法"，这是为社会创造价值的最好办法。

——马云

做公益的企业不少，但能把公益做进企业文化，每年都能涌现出优秀的公益项目，涌现出优秀的公益志愿者，同时又能带动生态伙伴一起公益，这样的企业不多，阿里巴巴能算得上一个。

在企业员工公益实践上，阿里巴巴每个员工每年都至少要完成 3 个小时的公益。截至 2020 年 3 月底，阿里巴巴员工累计公益时长已经超过 115 万小时。"2022 年阿里公益财报"显示，在 2022 财年，阿里员工主动投身助老扶弱、环境保护、乡村振兴等领域，结合并发扬自身技能，人均付出公益时长达 6.3 个小时。同时，阿里还涌现出徒手接住坠楼婴儿的"最美妈妈"吴菊萍、坚持为环卫工人做早餐的"运营小二"刘俊、发动上千名设计师为欠发达地区农产品做包装的黄河等公益明星。

在内部公益项目创新上，近年来阿里巴巴员工自主地发起或组织了许多优秀的公益项目，比如"蚂蚁森林"、"团圆"打拐系统、"疫苗快查"、"一路护航"等公益项目，并产生了较大的社会影响力。

在对外公益赋能方面，阿里巴巴已经形成了淘宝公益平台、支付宝公益平台、人人 3 小时公益平台等互联网公益平台，分别在消费公益、网络募捐、志愿者服务、公益账户等方面，为用户参与公益提供了简单、便利的途径。

在公益组织生态方面，阿里巴巴形成了集团公益（集团公益部、阿里巴巴公益基金会等）、合伙人公益（马云公益基金会、蔡崇信公益基金会、湖畔魔豆公益基金会、真水无香公益基金会等）、数千家公益慈善组织、上千万公益商家协同作战的公益生态。

在阿里巴巴的企业公益实践中，企业员工主动发起、积极参与公益行动，企业内部持续地涌现出优秀公益项目，并形成了丰富的企业公益生态。如此丰富的企业公益实践成果源于阿里巴巴浓厚的公益文化。

公益文化的建立需要企业上上下下对企业公益有着统一的认知，并建立起一种集体认同的情感，形成企业在公益上的统一行动。公益文化的建立是从文化氛围营造、全体员工的身体力行，到组织制度层面的保障，把公益真正作为一个事业用心经营，而不是把公益作为一场秀或一种应付。

7.1　什么是公益文化

企业公益文化的建立有着保障方向、推动创新、提升竞争力三方面作用。它不仅仅保障企业的公益方向正确，让公益不走形、不走偏、不走样，也是企业涌现更多公益创新甚至产品或服务创新的催化剂，是构建企业核心竞争力的重要抓手。

7.1.1　保障方向：公益初心

越来越多的企业已经或开始了公益的实践，但是很多企业更多考量的是外部风险或内部业务需要，比如来自资本市场的 ESG 风险或助力企业业务的品牌营销，而不是真正源自"为社会做点什么"的初心。

企业如果没有真正把员工的利益放在重要的位置，而仅仅是口头上作秀，那么这家企业必然会面临管理上的巨大风险。同理，如果仅仅将公益看作品牌营销的一个手段，或者是维护政企关系的一种方式，那么企业公益的方向往往会产生偏差。"商业初心，公益手段"会对企业公益造成极大的伤害，同时也会给企业带来极大的舆情风险。

只有核心高层真正认同企业公益这件事，在企业内部主动营造良好的公益文化氛围，让公益真正成为全体员工的统一认知，让商业向善、技术向善成为企业的一般性目标，才能让公益的方向不发生偏差，让企业公益有可持续的发展生命力。

7.1.2　推动创新：开放与合作

企业公益不是简单的捐款，好的创意和项目对于企业公益而言是至关重要的。不少企业以为建立了企业社会责任部，有专职的工作人员，就能解决企业公益的项目创意的产生和执行的问题。

好创意、好项目不可能在一个人数不多的封闭的组织中产生，在一个开放的平台上，好创意会随处可见、持续涌现。如果把企业公益的职责和工作仅仅落实在企业社会责任部门，那么就不能期待好的创意和创新持续地涌现。

要让灵感得到成长，就必须为它提供一种环境，让各种各样的新信息连接可以不断涌现。① 企业公益文化是一种全员参与的文化，因此它能为企业公益的创新提供一张温床。良好的公益文化生态是一个能促进系统里各个元素活动与碰撞的"随机"环境，可以让每个有爱心、有责任的员工都能与其他伙伴和资源建立起新连接。

因此，企业公益文化不仅仅起到保障方向的作用，还能起到推动创新的作用。营造企业公益文化的过程，也是鼓励创新的组织文化形成的过程，也是为这些创意创新的孕育提供必要空间的过程，这必将有助于企业创新文化的打造。阿里巴巴有些商业创新项目的灵感或应用就来自公益领域中的探索与实验。

7.1.3　提升竞争力：梦想与向心力

什么才是企业的核心竞争力？

企业核心竞争力是资金、人才、技术，还是资源关系？也许每个领域的企业对核心竞争力的界定不同，但是让企业有着独特气质、实现可持续发展的，肯定不是技术、产品、资金抑或资源关系，而是超越这些要素的有责任、有担当、有温度的文化。

改变世界的不是技术，而是技术背后的梦想；让企业产品和

---

① 史蒂文·约翰逊. 伟大创意的诞生 [M]. 盛杨燕，译. 杭州：浙江人民出版社，2014：93.

服务有生命力的也不是技术，而是一种无形的文化力量。用无形的文化去推动有形的产品，用有温度的梦想去创造产品和提供服务，这才是企业最有竞争力的地方。

公益是企业的向心力。这种向心力体现的是一家企业的沉淀、克服艰难险阻的能力，与社会、民众同频共振的共情力。它能超越某个阶段的盈亏，远比一个阶段的财报数据更有价值，它可以使得企业朝着可能困难却正确的方向持续前行，不断创造新的奇迹。

公益是企业可持续发展的底盘。百年企业要保持基业长青，必然要穿越一个个经济发展周期。只有利益导向、股东价值导向的公司，很容易在快速发展时期迷失方向，也很难跨越经济发展的低谷。只有对外有担当、对内有责任的公司，不断创造出有温度的产品与服务，才能对内凝聚全体员工的力量、对外凝聚最多的团结力量，平稳地度过一个个发展周期。

7.2 打造公益文化

公益文化到底是什么？它和企业文化到底是什么关系？企业文化是企业在生产经营实践中逐步形成的，为全体员工所认同并遵守的、带有企业特色的使命、愿景和价值观。

公益文化不是孤立存在的，而是企业文化的有机组成部分。但并不是每家企业的文化里都包含公益文化。只有把公益做在企业文化里面，企业才有真正的公益文化。

文化是"虚"的，它看不到、摸不着。营造公益文化，也是在做一个看不到、摸不着的工作。营造出一个凝聚内外向心力的公益文化，是让很多企业觉得很为难的事。比如，很多企业做公益文化，体现出来的是可能是标语和口号，它没法入脑、入心，不能有效获得员工发自内心的认同和践行，没法体现在员工的言行举止中；很多企业的公益文化与业务是"两张皮"，不能形成良性互动；很多企业投入了很多资源做企业公益活动，但员工仍然没有强烈的归属感和认同感。

从阿里巴巴营造公益文化的经验来看，阿里对于公益文化营造的基本认知是：

（1）虚事实做，公益文化一定是做出来的。

（2）公益文化的打造，跟企业领导人有直接的关系。

（3）公益文化的落地离不开制度和组织保障。

由此，我们可以将阿里巴巴在营造企业公益文化方面的经验归纳为"三层六化"，即基于三个关键层，做好"六化"工作。

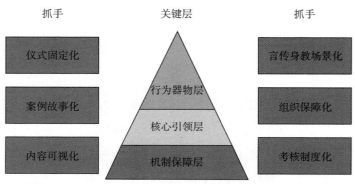

图33　"三个关键层、六个抓手"做好企业公益文化

7.2.1　三层：三个关键层

行为器物层：文化氛围仪式感的营造

企业的使命、愿景和价值观是企业文化中最重要的组成部分，是指导每一个企业员工行为的指南，是企业仪式和活动重点建设的内容。

企业的使命是企业存在的价值和努力的方向。阿里巴巴的创业就是源自解决"做生意难"这个社会问题。阿里的使命"让天下没有难做的生意"，自成立以来一直没有改变。从 B2B 业务到淘宝、天猫，致力于让买卖不难，从支付宝到蚂蚁金服，致力于让交易和金融不难，阿里云让技术不难，菜鸟让物流不难。阿里巴巴一路的生长，无不围绕"让天下没有难做的生意"这个使命而展开。而让天下没有难做的生意，更多的是与数字经济时代的基础设施建设和服务有关，有着强烈的公共利益与公共服务的属性，因此也带上了公益的色彩。

企业价值观是企业基本的价值取向的体现，旗帜鲜明地标明企业倡导什么、反对什么，企业的文化价值观要体现出企业的公益价值理念或精神。

阿里巴巴文化中有一种"侠义精神"的基因，这也是阿里巴巴一直在践行的"一群有情有义的人做一件有意义的事"。"侠义精神"深植在马云等创始人的内心。马云曾经说过："刚创业的时候，我们十八个阿里巴巴的创始人，十六七个都对金庸小说特别喜欢，金庸的小说充满想象力，充满浪漫主义和侠义精神。尤其是侠义精神，替天行道，铲平人间不平之事，给我个人的影响非常深，对阿里巴巴文化的影响也非常深。"①

2004 年，武侠小说作家金庸访问淘宝，为成立仅 1 年的淘宝写下"宝可不淘、信不能弃"的寄语。"信仰、信用、信誉"成为阿里人一代代传承的精神信条。侠义和公益是同一种精神的两种表现形式，都致力于追求社会的正义与良善。惩恶扬善、扶贫济困、伸张正义的侠义精神源于一种强烈的社会责任，是对公共利益的追求与张扬。

侠义和公益的基因在合适的环境和温度中催化，公益文化就可以在企业中生根发芽。这种合适的环境和温度就是企业举办的各种相关的仪式和活动，贯穿员工在企业工作的整个生命周期。

仪式和活动是营造文化氛围的重要方式。有仪式感的公益活动有助于良好的公益文化氛围的营造，有助于员工对公益有更多的感知，有助于激励更多的员工参与公益。

入职时，提升公益认知。阿里巴巴集团的入职培训里都会有融入公益文化内容的课程，向新入职员工介绍阿里的社会责任观、公益实践以及如何成为有责任的个体，并积极倡导每一个员工参与公益实践，让公益成为一种习惯。

工作中，浸润公益氛围。阿里巴巴每年都有一次隆重的公益盛典活动，全面检视阿里巴巴各个事业部的公益实践情况，全面表彰本年度涌现出来的优秀公益项目和公益明星。这个公益盛典从 2017 年的"公益琅琊榜"开始，2018 年改名为"橙点侠义榜"，

---

① 华烨. 马云的江湖：侠之大者为国为民［EB/OL］.（2020 - 03 - 11）. http://news. cyol. com/content/2020-03/11/content_18426973. htm.

2019 年升级为"橙点公益榜"，2022 年正式升级为"阿里巴巴公益榜"，现在已经成为阿里巴巴集团最重要的集体公益仪式，被阿里人誉为"公益奥斯卡"。

毕业后，公益成为纽带。即使阿里人"毕业"① 离开阿里，阿里人仍然通过公益的纽带维系着"毕业生"与公司之间的联络。阿里"校友"凭借在公益领域中的突出成绩，同样可以成为阿里巴巴公益榜的公益之星。另外，在阿里"校友会"的活动中，公益活动是其中最重要的环节，秉持着这种责任、担当和公益的信念，才能成为永远的阿里人，这才是永远的阿里味！

核心引领层：典型的榜样引领

核心领导者是企业文化的宣传者，也是企业公益文化建设的引领者。核心引领层指的就是企业通过核心领导层和员工典型榜样的引领，所树立的企业公益文化的精神榜样。

1）马云：一号志愿者

马云花了很长时间思考个人与自然、企业与社会之间的关系，形成了他自身的公益理念，同时他的公益理念也融入了阿里巴巴企业的机体内。阿里巴巴的"千三基金"② 的建立、阿里巴巴公益基金会的成立、员工"人人公益 3 小时"制度的实施，都是在马云的积极倡导和推行下成为现实的。马云也是阿里巴巴公益基金会的一号志愿者，同时他把持有的云锋基金股权收益全部捐献给了阿里巴巴公益基金。

---

① 阿里巴巴员工把从公司离职称为"毕业"。
② "千三"指的是阿里巴巴把企业每年营收的千分之三投入到公益事业中。

2014 年，马云个人出资成立了马云公益基金会。基金会在初期重点关注教育领域，尤其是作为中国教育重要组成部分的乡村教育。截至当下，马云公益基金会已设立实施马云乡村教师计划、杭州师范大学马云教育基金、非洲青年创业基金、中国女足支持计划及其他环保医疗资助项目，致力于培养面向未来的乡村教育家、企业家，助力乡村儿童、年轻创业者和女性的发展成长。2020年和 2021 年，马云又出资先后成立了浙江恩宝公益基金会和浙江恩嘉公益基金会，在社区治理、医疗健康等更多领域展开公益探索。马云公益基金会、恩宝基金会和恩嘉基金会一起形成了马云公益事业群。

2）集团合伙人：公益带头人

合伙人也是公益带头人。在 2019 财年，马云个人公益时长为 74.5 小时，36 位合伙人人均公益服务时长为 12.85 小时。在全集团乡村振兴工作中，马云是主席，彭蕾、张勇、井贤栋、蔡崇信是副主席，邵晓锋是秘书长。每个创始人和合伙人都有其负责的领域：马云关注乡村教育，蔡崇信关注职业教育与体育教育，井贤栋负责生态公益，张勇负责电商公益，彭蕾负责女性公益。

合伙人们也通过设立基金会等方式，积极推进自己关注领域的公益议题。彭蕾在汶川地震发生后，第一时间亲自带领志愿者团队深入灾区赈灾。2017 年，彭蕾和另外 11 位女性合伙人成立湖畔魔豆公益基金，致力于帮助困境中的儿童和妇女。喜欢体育的蔡崇信成立了蔡崇信公益基金会，关注现代职业教育、青少年体育教育及教育脱贫三大领域，致力于让更多寒门学子上好学、就好业。阿里云创始人王坚博士成立了云栖科技创新基金会，偏向于扶持技术领域、创新领域的优秀年轻人。警察出身的邵晓锋和夫人一起成立了真水无香公益基金会，希望为保障城市平安甚至为此牺牲生命的警察及其家属提供帮助，并弘扬真善美的社会正能量。

3）公益合伙人：公益传道者

除了创始人和合伙人，阿里巴巴内部还有被称为"公益合伙人"的公益委员，他们是公益的宣传者。2012 年阿里巴巴确立了公益委员竞选制度，在全集团中公开竞选出 10 个执行委员。他们的定位是做员工公益的先锋，做员工公益宣传官，带动更多的员工参与公益行动。

阿里巴巴公益合伙人竞选活动是阿里企业公益的重大活动，每三年举办一次，每次竞选活动都会掀起企业员工的公益热潮。数百位公益合伙人候选人用一个月的时间在各种场合宣讲自己的公益理念，以此赢得更多同事的支持，这也是对竞选者和参与者非常有影响力的一次公益文化洗礼。最后，每一位候选人都将获得"阿里巴巴公益布道官"的荣誉称号。

2020 年，阿里巴巴第三届公益委员发起了以发展员工公益为主题的公益创造营，旨在打磨出接地气又实用的公益课程，用好玩的方式培育公益火种，发掘更多有滋有味的公益项目。截至 2020 年底，创造营共培育公益火种 24 位，创造新员工公益项目 4 个。①

①　阿里巴巴集团．阿里巴巴集团社会责任报告（2020–2021）［R］．2021：66.

图34　公益委员举办公益创造营培训活动现场

机制保障层：组织与制度保障

企业公益文化的营造工作是一个持续性的工作，需要来自资金、组织和制度上的持续支持与保障，这样才能让公益文化能够真正落地、可持续。阿里巴巴也在资金、组织和制度上下足了力气，为公益文化提供强大的机制保障。

第一，资金上的保障。2010年5月，阿里巴巴宣布每年把千分之三的营业额用作环境保护和做公益的资金。2010年11月，阿里集团正式推出"幸福抱团"——员工公益创业大赛，鼓励员工通过抱团合作的方式，自发成立公益团体，集团提供技术、专家、资金、志愿者等方面的资源支持，帮助员工实现公益梦想。在2020年"橙点公益榜"颁奖典礼上，阿里巴巴宣布设立全球首个员工公益专项基金"橙点公益孵化基金"，首批投入1亿元，为对公益有热情、有想法的阿里人提供更有力的资金支持和更大的舞台，以充分发挥阿里巴巴的商业优势、技术优势解决社会问题。①

---

① 阿里巴巴集团．阿里巴巴集团社会责任白皮书（2019—2020）［R］．2020：
61.

第二，组织上的保障。2009 年，阿里巴巴集团单独设立了社会责任部，从组织结构上完善了社会责任管理，在各个子公司内都设置了社会责任部（责任推进人）。2011 年 12 月，为了将公益行动专业化、集中公益资源、提升公益项目的效率和专业性，阿里巴巴公益基金会正式成立。为了更好地整合全集团资源，推动乡村脱贫和乡村振兴事业，阿里巴巴在公益基金会下专设了脱贫基金，后升级为乡村振兴基金。

第三，制度上的保障。为了更好地评估公益时，阿里巴巴与公益行业专家、标准化领域专家共同起草制定了《公益时评定准则》，并于 2019 年 12 月正式发布实施。通过研究各种场景、各种类型的公益时，创新性地将线下志愿服务及线上互联网公益进行了统一的公益时价值衡量，覆盖了各个线上、线下参与的公益场景，为公益行为价值提供了统一的标准参考。

7.2.2 六化：六个抓手

只有得到广大员工普遍认知、认同和身体力行地践行公益，才能形成企业公益文化。阿里巴巴通过建立行为器物层、核心引领层和机制保障层，并从内容可视化、案例故事化、仪式固定化、考核制度化、组织保障化、言传身教场景化等六个方面着手，营造良好的企业公益氛围。

1）内容可视化

内容可视化指的是将公益的优秀事迹、优秀人物、优秀项目、优秀部门等内容，转化为海报、文化墙、邮件、视频等可视化载体进行传播，以此潜移默化地影响更多的员工认可公益、参与公益。

阿里巴巴在杭州西溪总部园区 3 号楼一层，特别打造了一面永久存在的公益明星墙。阿里巴巴历届"公益奥斯卡"诞生的公益之星和优质公益项目都在这里展示，以此表彰和纪念用心做公益的阿里人，让公益和爱心被更多人看到。

图35　位于阿里巴巴杭州总部 3 号楼一层的公益明星墙

2）案例故事化

每个人都是听故事长大的，讲好公益故事是可以打动人、影响人的。阿里巴巴也在公益实践中不断总结和提炼企业的案例项目和案例人物，用心讲好公益故事，并把体现公益价值观的故事传播好。

无论是对外发布的阿里巴巴社会责任报告、公益报告、ESG报告，还是对内的百年阿里的入职培训课程，阿里巴巴在不同的内容载体上不断总结阿里人的公益实践，宣传阿里的公益理念，希望以此带动更多的人参与公益。

近年来，在阿里巴巴公益榜的"十佳公益项目"的申报中，

**图 36　2016—2017 年阿里巴巴集团社会责任报告中
对公益之星的案例进行故事化宣传**

也有越来越多的项目运用讲故事的叙事方法，通过故事生动展示出社会中亟待解决的问题与痛点，通过故事来打动更多的人，激起其他员工的强烈同理心与共鸣。

3）仪式固定化

①爱的文化感染每一个阿里亲友："510 阿里日"。"为纪念阿里人在 2003 年抗击非典过程中所体现出来的果断、团结、敬业、互助、友爱的阿里精神，并感恩家人对阿里人的支持，阿里巴巴将每年的 5 月 10 日定为"阿里日"。阿里日是一个感恩的日子，每年的这一天，阿里巴巴都会举办庆祝活动，举行集体婚礼。这一天也是阿里巴巴的"亲友日"，阿里人的亲属和朋友这一天都能走进阿里巴巴，感受阿里的文化与团队精神。

②每一个做公益的人都值得被看到：公益榜颁奖仪式。阿里巴巴公益榜颁奖仪式是阿里人的"公益奥斯卡"晚会，走上颁奖典礼是阿里人最高规格的公益荣誉。从 2017 年"公益琅琊榜"开始，参选的公益项目数量越来越多，评选规则与方式越来越规范，

活动机制越来越成熟，阿里人参与的热情也越来越高。2020 年颁奖仪式中有 3.8 万员工参与投票，214 名组织部同学评分，3 位合伙人参与十佳项目路演评审，23 位合伙人参与晚会现场颁奖，员工现场互动达 13 万人次。颁奖仪式已经成为所有阿里公益人最高光的时刻，每一位入选的阿里公益明星都成为一颗闪亮的明星被大家看见。

③公益合伙人的仪式化。阿里巴巴的公益合伙人制度源于马云的一次倡议。2012 年 3 月，马云向全集团 2 万多名员工发起了阿里巴巴公益合伙人的号召：希望通过竞选的方式，由全体阿里人选出 10 位员工代表成为公益合伙人，成立阿里巴巴公益基金会第一届公益委员会，参与决策集团部分公益基金的使用方向。2012 年 5 月，经过层层晋级投票，10 位员工成为第一届阿里公益合伙人。2015 年 3 月，第二届阿里巴巴公益委员会经过为期两个月的海选、投票和 PK 晋级，最终从 154 名候选人中选出 10 位员工。2018 年第三届阿里巴巴公益委员会，更有 287 名报名者拉票海选，总计有 5 万多名阿里员工参与投票，决出 28 强，再经过群面及总决选晚会的考验，由专家评委考评，最终选出新一届的 13 名公益合伙人。

4）考核制度化

阿里巴巴通过一套与"使命愿景价值观"核心理念配套的培训与考核制度，形成一种有效的企业文化保障机制。阿里巴巴新入职员工都要接受为期 10 天到 1 个月的培训，其中一部分内容就是围绕内涵、解释和案例展开价值观的培训。同时，阿里巴巴从第一版价值观开始就实行严格的考核制度，价值观和业绩指标各

图 37　马云向第二届公益合伙人发聘任书并一起合影留念

占 50%，获得同样的权重。①

2015 年开始，阿里要求阿里人每年每人都要完成 3 小时公益
志愿服务，进而为企业员工公益的开展提供了制度保障。

5）组织保障化

企业开展公益实践，一般都会在组织层面设立专门的公益部
门（社会责任部或公益部），或者在总裁办或董事局内设置一位企
业公益负责人。如果仅仅是由董事长秘书或他人来兼任的话，兼
职人员是没有足够多的时间和精力来思考和推进公益事务的。

企业设立专门的公益部门，是开展企业公益必需的组织保障。
阿里巴巴也是从设立社会责任部开始，再设立企业公益基金会，
形成了责任部综合统筹、基金会专业运作的协同网络。

---

①　阿里巴巴集团 . 阿里巴巴集团社会责任报告（2019—2020）［R］. 2020：
57.

企业责任部和公益基金会是企业公益的执行组织，但是仅有组织保障是不够的。企业公益不像慈善捐钱捐物那么简单，公益重在唤醒他人的善心、善意和善行，需要更多人一起参与。因此，如何让企业员工自主、自发行动起来，是企业公益文化建设中非常重要的组织议题之一。

阿里巴巴不仅设立了"公益委员会"，让公益委员代表员工参与部分公益资金的投放决策工作，让公益委员成为员工公益的宣传官，同时也积极鼓励员工成立内部公益团队——"幸福团"。

阿里内部有几十个不同主题的公益"幸福团"，为员工提供多种参与公益的渠道。比如："幸福顺风车"通过顺风车的方式方便同路的人，使出行更节能环保；"欣然读书吧"通过捐书的方式创建流动书屋，有书共享；"唠子爱心行动组"通过关注钱塘江环境并在支流放流鱼苗（小鱼治水）的方式，为钱塘江生态保护贡献一份微薄之力；"爱的留声机"通过录制有声杂志等方式给盲童带去更多欢乐；"益+衣"一直在收集闲置衣物捐给需要的人；"爱之家"关注流浪小动物；"绿野仙踪"在爬山登高的沿途测量森林中蕴含的负离子浓度……

6）言传身教场景化

1995 年，杭州电视台做街头测试，五六个大汉在马路上撬井盖，看看是否有人出来制止。结果当晚只有一个瘦小的、顶着一头乱发的青年骑着自行车来回绕圈，没有找到警察，最后鼓足勇气指着几个大汉说："给我抬回去！"那个有侠义精神的年轻人，就是马云。带着侠义精神的公益，已经通过创始人深深地植入阿里巴巴的文化基因里面了。

公益是一种影响，是一种带动，是用一颗心去唤醒另一颗心，用热情去点燃其他人的公益热情。马云和合伙人们在公益实践场景中，都体现出身先士卒、以身作则的风范。

马云和合伙人们的公益时长远远高于员工的均值。2019 年阿里巴巴全体员工投入的公益时长达到 40 万公益时，平均每个员工 4 个多小时的公益时长，600 多个核心高管的平均公益时是 10.36 小时，而合伙人的平均公益时是 43 个小时。

马云和合伙人们在各自的关注领域里纷纷设立公益基金，通过专门组织的专业化运作，致力于改变某一个社会问题，推动社会一点点变得更美好。

第8章

商业手法：打造企业公益的可持续根基

> 如果千千万万企业也能发挥创新创业的企业家精神来做公益，解决社会问题的力量就可以扩大几十倍、几百倍、几千倍。
>
> ——吴敬琏

企业讲究效率和结果，没有效率、没有结果，企业必然会被无情地淘汰。用商业的手法做公益，就是要用效率思维和结果意识，结合企业的商业能力去解决社会问题。

在企业公益实践的过程中，"商业手法"主要体现为企业发挥商业能力在公益中的作用，具体体现在公益议题和公益方案两个方面，即在商业能力的范围内找到该做的公益议题，以及结合商业能力去制定公益方案。

8.1 商业能力与议题

企业公益的目的是服务社会，服务对象是企业的利益相关者。由于企业的资源有限，不可能响应所有的社会问题，也不能解决所有利益相关者的问题。那么企业公益到底要做哪方面的公益？

这是企业公益首先要去解决的问题。企业商业能力是确定企业公益议题的最重要的决策依据。

基于哈佛大学商学院赫曼·李奥纳（Herman Dutch Leonard）教授提出的三环理论，本书提出了一个专门用于分析企业公益议题的定位工具，即"SSB 模型"。SSB 是社会问题（Social problem）、利益相关者问题（Stakeholder issues）、商业能力（Business capability）三个关键词的英文首字母的缩写。"社会问题""利益相关者问题"和"商业能力"三个环交叉的区域（区域 1）可以成为企业公益的议题领域。

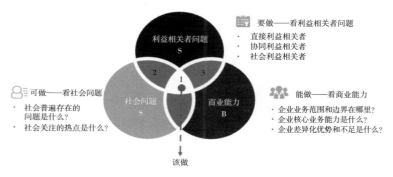

图 38 "企业公益的议题定位"SSB 模型示意

社会问题是企业公益的起点。公益的目的是让社会变得更美好，企业公益首先也要从社会问题出发，在社会中寻找问题。社会问题是企业公益可做的领域，关注时代问题，从时代中寻找问题，为时代发展助力，是企业立足社会、回报社会的基点。

利益相关者问题是企业公益要关注的领域。利益相关者包括直接利益相关者、协同利益相关者和社会利益相关者，企业要分析在时代背景下，他们遇到了什么样的难题，其中的原因是什么。

商业能力是企业公益能做的领域。企业要思考企业业务是否能和利益相关者的问题相关联，企业核心业务能力是不是可以帮助利益相关者解决问题。

社会问题、利益相关者问题和商业能力的三环相交叉的区域（区域1），既是社会问题，又是利益相关者问题，也是企业能力所及的领域，这个区域就是企业公益"该做"的议题。

8.2　商业能力与方案

基于企业公益 SSB 业务定位模型，企业确定公益议题后，需要围绕公益议题去制定企业公益的具体方案。本文提出了确定企业公益方案的"双轮驱动"方法，即在商业能力和技术能力两个维度的有机结合中制定企业公益方案。

图 39　商业能力和技术能力确定企业公益方案

阿里巴巴公益榜对入选项目的评审，很看重两个方面：（1）项目是不是真的解决社会问题，这决定了项目的价值；（2）项目是不是和部门的业务相关，这决定了项目是否具有可持续性。

企业能持续开展下来的公益项目不多。公益项目不能持续的原因有很多，其中一个重要的原因可能是项目没有很好地嵌入到企业资源体系中，没有得到企业业务能力的强有力支持。

8.3 高德商业能力与创新公益

高德地图是阿里巴巴旗下一款专注于数字地图、导航和位置服务的产品。在高德看来，每一个地方都有不一样的地方特色，每一条线路都代表着一段故事，数字地图为人们带来的服务不应该是机械式的，而应该是带有温度的。高德在专注做好自身业务的同时，也在思考如何在自身业务的基础上为社会做出更多的贡献。在实践的过程中，高德基于自身业务能力，结合社会需要，推出"一路护航""救灾地图""扶贫地图""无障碍地图"等公益项目，让地图和出行变得更加有温度。

"一路护航"为生命争时间①

2018 年 10 月 15 日，一条请求扩散"为生命打造一条绿色通道"的消息在北京群众的朋友圈中被广泛转发。初中生小宇随家人到内蒙古旅游时，意外遭遇车祸，由于伤情危急，急需从内蒙古人民医院转院至北京天坛医院接受治疗。在意外面前，时间就是生命，为了帮这个花季少年争取更多时间，家人和院方恳求周围的车辆有序避让。北京交警在确认信息属实之后，迅速在微博

---

① 案例来源于阿里巴巴 2019 财年橙点公益榜年度十佳项目。

发布了爱心公告，呼吁社会各界关注这件事，群众看到此消息之后纷纷转发，想要为小宇争夺到更多的时间。

有高德的员工看到消息后，第一时间与北京交警沟通情况，并立马组建虚拟小组，实时定位并跟踪救援车辆，同时向周边沿途的车辆下发语音播报进行提醒："后方有救护车经过，请注意避让。""后方有救护车经过，请不要占用应急车道。"小组连夜对沿途路段进行规划配置。在爱心交警、高德地图的"一路护航"功能以及让道车辆的爱心接力下，小宇比预计时间提前 2.5 小时到达北京天坛医院，争夺到了宝贵的时间！

早在 2018 年上半年，高德就与"城市大脑–智慧交通"一起努力保障应急救援车辆的通行问题。对于病人来说时间就是生命，尽管应急救援车辆可以拉警笛，也可以闯红灯，但是当遇上拥堵的路段、应急车道被占用时，应急救援车辆还是无法快速前进，因此延误病人的时间。随着物联网时代的到来，智能红绿灯联网之后可以运用技术让救援车尽快到达，在此基础上，高德研发出了"一路护航"功能。

在为小宇赢得更多的时间后，高德也意识到这个模式能为更多生命带来希望，从此之后，高德地图的"一路护航"项目模式不断复制、升级，为更多的人赢得了救援时间，让更多病人享受到这条"生命绿色通道"。2018 年，杭州一辆汽车将一名女子撞倒在地，120 急救车在护送伤者的过程中就启用了高德地图 App 上的"一路护航"，最终，急救车仅用 8 分钟就走完了 5 公里的路程，比日常耗时减少了近一半。

除此之外，"一路护航"还可以运用到火灾抢险上面。救火和救人一样，都是分秒必争的，针对这一方面，高德也设置了专门的团队进行开发，为消防车打造一条畅通的道路。此后，高德不断对系统进行迭代优化，打造了"让行播报""绿灯保障"以及"路线定制"三个核心功能。为了让"一路护航"能够服务更多的用户，高德放弃了"一路护航"功能的独有权利，将其作为一个开放的组件，赋能其他急救/消防系统，让更多的用户可以方便地使用。

图 40　高德"一路护航"

高德"救灾地图"为抢险救灾赋能①

除了"一路护航",高德还开启了"救灾地图"。高德在救人、救火方面都根据其自身业务进行拓展,发挥了有效作用,于是高德将目光又聚焦到其他灾害的救援工作。

自然灾害时常发生,每次灾害中的救援工作都会由于信息不对称产生种种不顺利的现象。在自然灾害救援中,地图和位置在发挥着重要的作用,因此高德团队希望通过专业的地图功能为自然灾害救援赋能,包括:救援物资运输路线提醒、灾区救援物资位置告知、寻找亲人报平安、灾区路况告知、救援队风采曝光、UGC 分享和社会宣传。

2017 年 6 月,长沙发生水灾,高德迅速推出"救灾地图"。高德"救灾地图"的上线为救援工作提供了很多的便利,通过快速更新发布地图动态数据,为公众救援队物资的输送提供实时的信息。同时,数字地图把物资需求方、物资供应方、物资输送方连接在一起,保障物资快速、准确到达。高德还关注亲人之间的联系,利用地图的便捷性,在高德地图上开放寻人平台,通过寻人平台发布寻人信息,在灾情中为亲人之间的联系搭建了桥梁。

2017 年 7 月,长沙水灾灾情扩大,高德的"救灾地图"在救灾过程中充当了一个有效工具。高德地图 App 上累计发布积水事件超过 400 件,发布救援物资点超过 50 处。为了保障救援物资紧急到位,高德以事件公告的形式,在高德地图 App 中通告沿途用

---

① 案例来源于阿里巴巴 2018 财年橙点公益榜年度十佳项目信息。

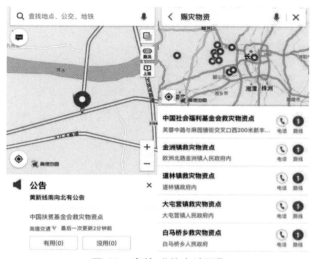

图 41　高德"救灾地图"

户礼让救援物资运输车辆，为救援队做路线提醒告知，打造了一条条畅通的救灾路线。

2017 年 8 月，九寨沟发生地震，高德也在第一时间积极响应，一小时内实现产品上线。高德地图上不仅展示地震区域、受灾道路以及交通管制封路情况，还拥有展示赈灾物资点、货车分流提醒等功能，实现数据 0 滞留，社会参与人次（以用户上报、请求为例）超过 30 万，间接参与人次超过百万，影响人数超过千万。

此外，高德还借助阿里巴巴拥有的强大生态，调动资源进行抢险救灾，让"阿里小二"与家乡救灾部门、政府联系，第一时间发布救灾情况和物资需求，同时联合村淘、"菜鸟小二"将救灾物资驿站发布上线。高德从自身业务定位展开，以地图为主进行社会服务，为救灾提供一条抢救生命线。

高德"无障碍地图"关爱特殊人群①

对于残障人士来说，无障碍通道是其出行必备的通道，但是现阶段的公共设施建设没有将无障碍通道全面考虑进去，会出现导航到一个地铁站却发现没有无障碍通道的情况，给残疾人这个社会群体造成了极大的不便。

2017 年，高德收到一封来自数百名残障人士的联名信，信中提及残疾人出行时遇到的困难，希望高德地图能够为残障人士提供无障碍出行的服务。高德在这样的诉求的驱动下，发起了"无障碍地图"项目。

在无障碍地图的开发上，高德采用专业采集和用户 UGC 采集相结合的方式。在专业采集方面，2017 年 9 月，高德地图上线了北京地铁所有无障碍电梯等设施的全面标注，使每一个地铁站的无障碍电梯都可搜索、可导航，行动不便的人士可以根据高德地图上的标注选择有无障碍通道的路线出行。

之后，上海、杭州、深圳和广州地铁的所有无障碍电梯设施标注陆续上线，覆盖北上广深杭五大城市的全部地铁站，使所有无障碍电梯均可在高德地图 App 中搜索、导航。

考虑到残障人士用户分布的区域非常广泛，相关出行细节也非常多，光靠专业采集和标注是不够的，高德广泛邀请用户参与到无障碍地图的补充工作中。在高德地图中，每个用户都可以在"地点贡献"页面核实和补充无障碍通道等设施的信息，拍照上报

---

① 案例来源于阿里巴巴 2018 财年橙点公益榜年度十佳项目信息。

图 42　高德"无障碍地图"

并通过高德审核后，其他用户搜索"无障碍出入口"即可获得无障碍通道或坡道所在的入口位置，方便规划出行路线。用户的标注也不局限于地铁站的标志，也涉及更多的场所。UGC 营造了一种互帮互助的氛围，让人人参与到公益中。

高德秉持着"服务全民出行，让友善城市行无障碍"的信念，创新自身业务板块，使残障人士等特殊群体能够畅通出行，更好地融入城市的生活。

除了"一路护航""救灾地图"和"无障碍地图"，高德从自身业务出发，还陆续推出了为欠发达乡村旅游导流的"扶贫地图"、助力摩托大军结伴返乡的"回家"项目、帮助用户便利参与公益的"公益地图"等公益产品和服务。

　　高德之所以可以持续不断地推出优秀的公益项目，究其原因是牢牢地结合自身的业务，充分发挥了自身业务的能力优势，在创造社会价值的同时，也丰富了地图业务的服务体系和服务生态，有利于提升用户体验和用户黏性。

第 9 章

技术力量：激发企业公益的创新动力

许多社会问题和技术问题最好是通过更进一步的技术发展来解决。

——伊曼纽尔·梅西尼（Emmanuel G. Mesthene）

9.1 技术与公益

技术常常被看作产品与服务，但它其实是多维度的社会基础设施，能够对社会产生看得见或看不见的深刻影响。当下，技术正在成为推动社会发展和公益变革的重要力量。

除非我们对技术进行有目的的设计，否则技术不会自动对社会和人类产生积极的影响。我们越能明确对技术的期望，就越有可能通过技术实现想要的结果。正如艾米·桑普尔·沃德（Amy Sample Ward）在《未来技术》一书中指出，技术是一种工具和手段，重要的是我们如何善用技术来为社会公平和社区需求服务，从更高层面思索技术与社会的关系。

技术应该是以人为本的，技术产品与服务都应以提升人的幸福感以及人类的福祉为终极目标。因此，我们要做的是理解技术，建构技术的积极影响，在公共利益领域推动开发、应用相关技术，为利益相关者提供公平、包容、负责任的服务，并对社会所面临的最迫切的问题做出回应，以技术的普惠化应用来大规模实现公共利益，进而大幅度地提升社会福利与人类福祉。

9.2 数字公益

从 2008 年汶川地震，数字公益开始登上中国历史舞台，到 2020 年疫情爆发、2021 年河南特大暴雨事件，让我们看到了数字技术赋能公益的全新生命力与巨大的发展潜力。

据《中国数字公益发展研究报告（2022）》显示，自 2016 年《中华人民共和国慈善法》实施以来，我国公益慈善事业借助数字技术得以迅速发展，数字公益在营造共建、共治、共享的社会治理格局中发挥了重要作用。数字公益已经覆盖了普惠教育、养老助老、乡村振兴、社区治理、扶残助残、应急救助、医疗健康、生态环保、游戏公益等多个社会领域，成为我国推动社会进步与发展、打造人类命运共同体的新动能、新手段。[1]

2022 年 1 月，国务院印发《"十四五"数字经济发展规划》，明确了"十四五"时期推动数字经济健康发展的指导思想、基本原则、发展目标、重点任务和保障措施。未来，5G 技术、人工智能、大数据、区块链、元宇宙等相关数字技术及数字基础设施仍然会保持高速发展态势。

随着互联网大数据、人工智能、区块链、元宇宙等新技术深

---

① 裴涵，等 . 中国数字公益发展研究报告（2022）[R]. 2022.

度发展，数字基础设施不断完善，数字技术将不断赋能公益行业，激发数字公益行业的活力，助力公益行业在数字社会创造更大、更广和更为创新、可持续的社会价值，为公益事业不断打开新的想象空间。

9.2.1 互联网+公益

中国数字公益源于互联网公益。1999 年天涯论坛正式设立"天涯互助"板块，首批民间互助论坛由此诞生，自此开启了中国互联网公益的篇章。目前，我国网民规模超过 10 亿，互联网普及率达到 75%，已经形成了全球最为庞大、最有活力的网络虚拟社会。在公益慈善领域，互联网与慈善事业的深度融合，极大地提高了公众参与公益的便利性和快捷性。近几年来，每年都有超过100 亿人次点击、关注和参与互联网公益。2021 年，通过互联网募集的善款接近 100 亿元，比 2020 年增长了 18%。①

互联网有三大特质：联结、互动、协同。我们可以从"联结""互动"和"协同"三个特点出发，来分析互联网技术对于推动公益变革的重要意义。

互联网的"联结"特质，让公益汇聚庞大的动员力量。"公益的意义不在于一个人做多少，而是很多人一起做一点点"，广大爱心网友通过网络联结起来，从而使得"更多人一起做一点点"成为可能。

---

① 腾讯基金会. 中国互联网公益峰会发布年度数据：全国网络捐赠 100 亿次，筹款近百亿［EB/OL］.（2022-06-16）. https：//page. om. qq. com/page/Ov55UqeC-AchZYnhdd-kt_bw0? source=cp_1009.

在公共灾害等大事件面前，海量的网友被瞬间动员起来，形成中国历史上前所未有的庞大公益行动群体，这就是互联网的"联结"特质发挥的作用。也正是基于互联网的"联结"特质，中国形成了全球极具影响力的几大网络募捐平台：腾讯公益、支付宝公益、淘宝公益。2017年到2021年，中国通过互联网募集的善款在5年间从25亿元增长到近100亿元，增长了近3倍。以腾讯公益平台为例，2017年有6312万人次捐出16.3亿元善款，2021年则有1.5亿人次捐出54.46亿元善款。5年间，捐款人次增长到2.4倍，捐赠额更是剧增至3.3倍。

互联网的"互动"特质，让公益平民化、生活化。更多爱心民众可以用更加轻松、便利的方式参与互联网公益。蚂蚁森林小程序让用户能够以游戏化的方式参与生态环保事业。"行走捐"让手机用户通过捐出行步数，就可以参与到公益倡导和公益募捐之中。腾讯平台的"99公益日"充分利用"一起捐""爱心接龙""一块走""每日益答"等社交互动方式，让公益变得越来越方便、越来越好玩，每年吸引了全国数亿人一起参与公益。

互联网的"互动"特质，也让公益传播更生动、更有声量。公益通过网络进行好玩、有趣的创意传播，可以引发更多用户的共鸣和再次传播。比如"冰桶挑战"旨在为肌萎缩侧索硬化（ALS）进行筹款，并呼吁社会关注。这个活动通过网络进行创意传播后，全球知名的商业领袖、娱乐明星、"大V"纷纷加入，有效地推动了渐冻症相关的公益传播，让更多的人关注到"渐冻人"群体。

互联网的"协同"特质，让共同的公益参与成为可能。互联网让有不同能力的人都能参与到同一个公益协同中来，共同完成一个使命。2021 年河南水灾中，河南籍女大学生李睿建立了《待救援人员信息》文档。这个"救命文档"包含基本信息、求救人员、救援人员等信息。随后，越来越多的网友共同在线编辑，及时更新救援信息。短短几天的时间，这个"救命文档"自发接力更新到第 660 版。截止到 7 月 22 日 19 点，文档的浏览量近 650 万次。"救命文档"的案例生动地体现了网络协同建构起来的庞大的公益影响力。

阿里巴巴与公安部联合研发的"团圆"系统，可以让全民通过网络参与公益打拐。失踪儿童信息被发布后，相关信息被精准地推送到失踪地周边用户的手机里。失踪地周边的百姓被精准地发动起来，成为发现失踪儿童的"火眼金睛"。"全民公益，网络打拐"为很多家庭第一时间找回了丢失的孩子。

9.2.2 大数据+公益

大数据在公益中的应用主要包括两个方面，一个是在公益领域的大数据应用，另一个是公益领域外的大数据应用。在公益领域的大数据应用，主体主要是政府、互联网公益平台和公益组织；在公益领域外的大数据应用，主体主要是政府和科技型大数据公司。

公益领域的大数据，指的是运用数据库挖掘、数据分析和算法模型等技术手段，实现公益领域的数据信息公开、透明与共享，并助力公益供给和需求资源的精准匹配。在政府层面，浙江省民政厅在大力推动的"浙里有善"慈善数字化系统，以及在各市县区推动的慈善数字化改革，其主要目的就是将碎片化的公益数据连接起来，厘清所在地区的公益慈善资源，并逐步实现公益慈善资源和公益慈善服务的精准对接。比如杭州余杭区在成为浙江省智慧慈善试点后，启动了"余杭区智慧慈善系统"建设，为每个企业和公民建立慈善档案，并通过数据指标体系、建模进行分析，形成企业、民众、组织和区域四大向善指数，精准指引公益慈善资源和发展方向。在公益平台层面，腾讯公益、支付宝公益、淘宝公益等互联网公益平台拥有海量的公益数据，其公益大数据可以刻画出公益行业、公益项目、参与人员的公益画像，有利于推动公益慈善行业更公开、更透明，提升公益行业的运营效率。

公益领域外的大数据，指的是利用大数据技术，通过对海量数据的分析与洞察，助力社会问题的破解或服务对象福祉的提升。个体数据往往是私有的，而海量的大数据往往具有很强的公共性，有着潜在的公益应用的空间。比如高德，作为一家出行行业的大数据商业公司，充分利用自身的地图和出行大数据，为救护车提供"一路护航"服务，为欠发达地区的旅游提供导流等公益服务。

大数据有利于推动公益精准传播。一方面，大数据可以对传播受众的心理倾向和社会心态进行分析，并利用算法技术实现公益内容的精准化推送。另一方面，借助大数据技术，平台可以实现捐赠者、管理平台、受益者三方互动过程的可视化，提升受众对公益项目的认知度，实现社会公益由传统的施舍向互惠互利、合作双赢的理念转变。

"天天正能量"是 2013 年阿里巴巴集团联合全国 100 多家媒体共同打造的大型公益平台。项目通过奖励小而美的凡人善举，唤醒人心，激励善行，推动社会进步。截止到 2022 年 11 月底，"天天正能量" 累计发放正能量奖金近亿元，有上万名各行各业的基层群众获得了奖励。这些普通人成为人们学习和效仿的榜样，影响和带动越来越多的人。

大数据在公益领域的应用有着巨大的潜在价值，但大数据应用于公益领域还处于起步阶段。另外，我们也要清晰地认识到大数据所能呈现的是趋势和相关性，而不是必然和因果性。由于外在变量的多元和多变，数据也处于不断的变动之中，我们应充分认识到大数据的局限性，对于大数据在公益领域的应用应保持必要的警惕。

9.2.3　人工智能+公益

人工智能，指的是由人制造出来的机器所表现出来的智能。根据 ESCP 欧洲高等商学院院长安德里亚斯·卡普兰（Andreas Kaplan）和迈克尔·海恩莱因（Michael Haenlein）对人工智能的定义，"人工智能是系统正确解释外部数据，从这些数据中学习，并利用这些知识通过灵活适应实现特定目标和任务的能力"。

人工智能在各行各业中应用落地，给人类生产、办公和生活的各方面带来了诸多的便利。人工智能和大数据携手，可以帮助我们解决一些世界上最具挑战性的社会问题。2019 年麦肯锡的一份报告重点关注了人工智能在公益领域的十大应用：危机应对、经济赋权、教育促进、环境保护、平等与包容、健康与饥饿、信息验证、基础设施、公共服务和司法与安全。

人工智能在公益领域中的应用已经显示出技术赋能的积极效

果。当下，各家互联网科技企业正在加快推进人工智能在各个场景中的公益应用，给中国社会问题的破解带来全新的思路。

阿里巴巴与公安部联合研发的"团圆"系统通过视觉 AI 突破了跨年龄人脸识别的难题，帮助找回被拐儿童，让家庭团聚。阿里巴巴"守护生命"项目也是利用人工智能技术，联动商家、公安、第三方机构建立自杀干预机制，对有自杀倾向的人予以安抚、干预，避免悲剧诞生。

蚂蚁集团的卫星遥感信贷技术"大山雀"已经全面在农村金融领域商用，成为解决农户贷款难的"新钥匙"。"大山雀"的原理是基于 AI 技术解析卫星影像，判断农户耕种面积和品类，预测产量产值，基于此给出合理的贷款额度。

9.2.4　区块链+公益

近些年，公众对公益领域的信任在每次公益负面舆情面前都显得相当脆弱。"水滴筹诈捐""基金会私分、挪用善款及物资"等与公益慈善组织有关的负面消息，严重影响了公益慈善事业的公信力，多次给我国的公益慈善事业带来信任危机。

公益慈善事业面临的最大问题就是缺乏信任。公众信任感是公益组织持续生存的生命线。信任危机源于慈善组织发布捐赠资金和物资的使用信息时，人们对信息的延迟、不公开、不透明、不真实等现象的不认可，这也是目前我国公益慈善事业进一步发展所面临的困难。很多公益机构通过规范管理机制、加大与公众沟通的力度等方面的努力，力图维持好与公众之间的信任关系，但是这依然不能改变公益行业信任度低、频受质疑的现状。

针对这一现状，区块链的分布式账本技术使得数据具有不可篡改、防伪和可验证的特性，可以重新构建公益慈善的信任机制，能有力地破解我国公益慈善事业所面临的信任危机问题。

在区块链技术环境下，每一笔捐赠，从捐赠人到收受人都可以直接被记录在分布式账本中，并且账本的公开可以确保捐款人可以清楚查询到自己捐赠的资金、物资的去向。与此同时，区块链不可篡改的特性也能确保账本信息不被篡改，从技术层面解决了人为作恶的可能性。另外，区块链技术的匿名性还可以做到保护捐款者的隐私。

区块链让捐赠的每一个环节更加透明，让慈善机构更好地公示资金、物资的使用情况，同时区块链技术可以确保有更好的追责效果。一旦发现问题，就可以更快、更明确地找到问题出现在哪一个环节，定位其中的负责人员，这样既大大提高了慈善机构的工作效率，也大大提高了用户对慈善机构的信任感。

区块链让公益项目流程效率更高。从目前来看，"公益"可以看作是区块链技术在民生领域落地成效最好的行业之一。从技术来看，它实现了链上公益信息和善款的可信流转，但更大的意义在于其构建了"募捐人—第三方平台—受益人"的信任体系，减少了整个行业因为不信任而衍生出来的流程复杂、效率低下等问题。

区块链还可以通过智能合约自动执行公益项目。智能合约可以提升运行效率，降低管理成本。整个合约从收款到执行都可以自动地操作，并将执行情况自动反馈给捐赠人。整个过程不需要人工干预，并受所有当事人的监督。智能合约这种全自动的模式既能保证项目平稳落地，又可以让捐赠者全程了解和监督捐赠使用情况。基于区块链技术，善款从公益机构发起付款、财务审核到用户领用完成，耗时可以从原先的 1 个月缩短到不到 1 天的时间。

区块链让用户的参与感和成就感更强。区块链技术在公益领域的使用，还可以提高公众参与慈善捐赠的获得感和成就感。公众的获得感和成就感是公益事业可持续健康发展的关键因素。区块链让用户更加即时地获知公益项目的真实反馈信息，让公众有更高的参与感和成就感。

近年来，区块链技术在公益领域展开了良好的应用探索，也出现了基于区块链技术的慈善捐赠管理溯源平台等好的应用项目。CBC 爱心基金会也在积极布局美洲中部和南部的区块链技术，通过区块链技术提供各种反伐林帮助，使得公益慈善与区块链技术的融合更为紧密。例如全球首个基于区块链公益慈善平台 Fraternity，平台采用 Tronchain 波场链智能合约，手续费低，代码可以随时查看和审计，公开透明，随时可以接受公众的监管。Fraternity 公益慈善互动平台的成立标志着公益慈善事业向前迈进了一步。

9.2.5　元宇宙+公益

"元宇宙"英文为 Metaverse，是 Meta（超越）+ Universe（宇宙）的组合词，按照全国科学技术名词审定委员会 2022 年 9 月 14 日的讨论共识，Metaverse 的释义为：人类运用数字技术构建的，由现实世界映射或超越现实世界，可与现实世界交互的虚拟世界。未来每个人都能在元宇宙中拥有一个虚拟的身份，和现实中一样参与社交、工作和娱乐。当前元宇宙的应用主要表现在游戏、娱乐、零售等领域。

元宇宙是一种新的显示方式，能够创造更加真实、逼真的场景，可提供沉浸式体验，更具感染性，能增强用户的感知能力，唤起用户的同理心。元宇宙也是一种新的交互方式，语言、动作、神经活动等都将成为人与机器之间的交互方式，这种方式更自然、简单，更无障碍。当下，虚拟人技术、数字藏品和网络劝募等领域已经展开了"公益+元宇宙"的探索。未来，元宇宙在公益宣传、慈善劝募和捐赠、公益体验、社会治理等方面有着极大的发展空间。

元宇宙虚拟人可以助力数字公益。虚拟人可以是人类日常生活中的助手：辅助日常生活的各项事宜，为公益事业提供专业价值服务。元宇宙中的服务型数字虚拟人可实现对日常和突发事件的实时响应，并且零误差；在医疗领域里，对不希望见到心理治疗师或羞于接受治疗的人来说，虚拟人可以降低他们的心理戒备；情感陪伴型数字虚拟人类似于虚拟管家和虚拟亲属，或互联网早期的电子宠物，可以为互联网用户提供情绪价值和陪伴关怀，寄托人们的感情。

浙江省在 2020 年推出省级公益 IP"浙小爱"，并于 2022 年推出了"浙小爱"数字人。"浙小爱"数字人作为逼真又可爱的公益形象，通过虚拟主播的形式在网络空间宣传公益慈善，同时助力浙江省公益慈善项目的网络筹款。

著名市场调查机构尼尔森在它们的一项市场研究中发现，VR能将消费者对慈善机构的捐赠意愿从 38% 提升至 48%，将他们对慈善内容的记忆水平从 53% 提高至 84%。

从 2022 年开始，浙江省互联网公益慈善基地联合浙江省现代互联网研究院数字公益研究中心开展"虚拟现实与元宇宙推动慈善捐赠的进展与心理路径"的研究，发现 VR 与元宇宙的高沉浸性的特征会强化人们对被救助对象的共情心，进而激发利他行为，对慈善呼吁表现出更高的捐赠意愿和更积极的捐赠行为；VR 与元宇宙的高生动性的特征会提高人们对慈善活动的心理意象水平，进而增强慈善呼吁的说服性和个体的主体意识，实现改善慈善捐赠行为的效果。

元宇宙技术的在场感将更加紧密地联系人类与公益议题之间的互动关系，有助于提升公益宣传的触达率和有效性。比如通过全息呈现、数字孪生、AR、VR 等新体验技术进行场景数字孪生，联结虚拟与现实，可以打破时间和空间、主体和客体的限制，打造文化遗产体验的在场感，加强人们对文化遗产的了解，提升人们的文物保护意识。

充分发挥元宇宙新展示和新交互的功能，为公益事业赋能，必将开启中国数字公益的新篇章。元宇宙的体验式互动可以解决公益组织传播打开率低、共鸣不足的问题。元宇宙沉浸式互动游戏类产品可以增加互动性和体验感，加速公益传播渠道更迭，也有助于增强社会的公共服务能力和应急事件处理能力。

9.3 阿里巴巴数字公益的探索

在数字时代，数字技术正在重塑人们对公益的理解。数字技术在社会公益中越来越多的创新应用，让越来越多的人更方便、更便捷地参与到改变世界的队伍中来。这是技术驱动下的公益裂变，正在社会层面上产生着潜移默化的正向外部效应，整个社会公益生态也在发生着深刻的变化。

多年来，阿里巴巴公益实践一直充分利用技术资源和技术人才优势，致力于数字公益领域的探索。下文将分别从互联网技术、"大数据+人工智能"、区块链等技术应用角度，揭示阿里巴巴数字公益探索的一角。

9.3.1　互联网技术：大众评审网络①

线上购物高效、便捷，但也存在商品质量难以保障、实物与图片描述不符、商品尺码不合适等问题。在日常线上购物的过程中，商品评价对消费者决策的影响很大，但是总会存在一些不客观的商品评价，既让店铺商家苦恼，也影响消费者的消费行为。

2012 年，阿里巴巴推出了"阿里巴巴大众评审"，为大众提供一个可以普遍参与治理的公共平台，让互联网志愿者参与平台的点评、评审、听证等治理活动，帮助在线平台用户进行更好的决策，共同维护平台上众多商家和上亿消费者的合法权益，共同解决平台上的争端问题，规范各行业的行为，普惠所有互联网用户。同时大众评审也可以获得相应的积分、志愿时长，并以此去为更多公益项目助力，为大众提供了做公益、奉献爱心的机会，也推动了更多公益项目的实行。

---

① 案例信息来源于阿里巴巴 2018 财年橙点侠义榜 15 强项目资料。

大众评审：帮助用户鉴别

大众评审通过网络参与评论，为网购消费者提供真实可靠的商品评价，帮助消费者鉴别山寨货品。

用户可以通过淘宝 App 进入"大众评审"窗口，自愿申请成为大众评审。淘宝会根据之前用户的反馈挑选出需要判定的评论或是商品，来征求第三方的意见。比如在商品评论这方面，有的评价很显然是无效文字的复制粘贴，跟商品毫不相关，或者还有些店铺商家为了增加商品销量，利用事先编辑好的文本雇人刷评论。评审员每完成一个判定，都会得到相应的积分或者志愿时长，积分累积到一定值后，即可向公益项目捐赠，轻松实现做公益。

大众听证：辅助平台决策

大众评审设置了"听证会"的功能。平台进行重大决策之前，会通过听证会的方式广泛听取各方的意见，让判决更加客观。

平台商家或消费者在遇到不公正待遇或有与交易相关的问题需要处理时，在特定情况下均可以申请召开听证会。听证会由主持人、记录员、大众评审团、当事人代表（商家或是消费者）、平台代表、听证委员会共同出席，类似于一个"虚拟法庭"。平台听取当事人陈述、申辩，并向志愿者寻求意见，广泛吸收三方参与人的意见，查明整个事件的真相和过程，最终在充分考虑各方的要求之后，平台会得出一个处理结果。

自 2012 年上线以来，大众评审累计完成 1 亿次纠纷判定，维护了众多利益相关者的权益。仅 2017 年，就有 80 余万人次参与纠

图43　大众评审宣传图（2017年）

纷争议判定，成功处理超过685万宗纠纷，这一数量相当于全国法官4年处理案件的总量，大大减轻了司法人员压力，也规范了平台相关者的行为。另外，大众评审员用投票获得的积分捐赠的公益金累计超过160万元，持续3年用于支援"云南乡村医疗项目"。

凭借互联网用户的协同力量，大众评审实现了借助互联网参与网络社会的共治共建，用多人投票、少数服从多数的方式，实现大量纠纷争议的在线解决，是充分发挥互联网技术优势的一次公益治理创新。

9.3.2　"大数据+人工智能"：守护生命[①]

"守护生命"项目是阿里巴巴安全部志愿者们研发的一套防自杀干预机制，内部整合了CCO和阿里健康部门的资源，对外联

---

① 案例来源于阿里巴巴集团2021财年橙点公益榜年度十佳项目信息。

合了警方和社会组织等合作方，通过业务风险梳理—模型感知—人工判定分层预警—联动线上线下资源，对自杀、自残等紧急情况启动干预预案，进行快速处置、挽救生命、健康教育的公益行动。

"守护生命"基于大数据和人工智能的技术，打造了一套智能识别高自杀风险人群的大数据分析系统，成为生命的网络守护神。项目充分发挥了平台大数据的价值与优势，通过交互风险语义、搜索/浏览/购买风险商品、人群特征、物流等关键信息构建语义智能识别系统，基于可感知的风险信息对消费者进行画像，进而对风险人群进行准确分层：心理亚健康或情绪障碍者属于"低风险"，有自杀意愿的人属于"中风险"，准备和实施自杀的人属于"高风险"。通过提前感知消费者自杀风险，避免悲剧发生。

大数据与人工智能技术能在海量的用户中发现、定位高风险人群，但仅仅依靠技术还是不够的。"守护生命"项目在技术系统支撑的基础上，还建立了一套高效、可复制的防自杀干预风险处置联动机制，同时根据风险人群的分层，建立了对细分目标人群进行分层干预的机制。

针对准备和实施自杀的高风险人群，项目通过 CCO 客服专业的服务进行相应的快速应对与处置；对有自杀倾向的消费者则实施主动干预服务，紧急拦截订单，同时联动 CRO 线下安全、公安资源与社会心理资源快速响应，尽最大可能挽救消费者的生命，并持续给予关怀；针对有自杀意念的中风险人群，对搜索、购买和交互行为进行业务模型追踪，一旦出现危险语义或订单，系统就发出预警；对于低风险人群，通过搜索行为感知并给予引导教育，在淘宝主页等位置设置正向引导内容，连通心理咨询机构等资源，让遇到困难的消费者通过接受心理咨询和学习科普知识，找到更好的办法解决问题，将自杀等风险的预防时间大大提前。

图 44　"守护生命"公益项目成员——防自杀干预客服"夏苏"

"守护生命"项目提前干预并阻止了一场谋杀案

2020 年 3 月，"守护生命"公益系统检测到一个消费者与卖家的沟通消息存在高危语义："这个化学试剂人喝了会怎么样？"CCO 客服"夏苏"介入后仔细排查了该会员的基本情况，发现该会员在 2020 年 3 月份多次购买化学试剂，种类多、剂量大。经研判，该会员可能存在自杀或者预谋杀人动机后，"夏苏"拨打了湖南岳阳 110 指挥中心的电话，将核实到的信息传达给湖南岳阳警方。第二天，湖南岳阳城陵矶分局某派出所刑侦所长联系"夏苏"表示，该居民因涉嫌故意投毒杀人已经被立案调查。此次警企快速联动，成功干预了一起故意杀人案，警方对阿里"守护生命"公益项目成员的勇敢、有担当和社会责任感点赞且表示感谢！

"守护生命"项目把 19 岁男孩从悬崖边拉回来

一个 19 岁的男孩上网搜农药时，问商家吃多少会死。客服"瑰瑶"第一时间给他打去电话，电话那头的男孩很沉默。"瑰瑶"说了三句，他低沉地答："嗯。""瑰瑶"先修改了一个看起来温和又年轻的头像，再加上了男孩的旺旺，试着拉近距离。原来，这个 19 岁的男孩患有中度抑郁症，常年靠药物治疗。"瑰瑶"成了知心姐姐，一直陪着男孩聊了三个月，如今男孩找到了工作，人也逐渐变得乐观开朗。

项目自 2019 年 7 月启动以来，共发现自杀倾向风险会员 30886人，其中高风险启动紧急预案 5647 起，CCO 外呼干预 3440 起，联动线下警方 2238 起，挽救 4408 人[1]；自 2020 年 5 月 27 日上线用户教育页面以来，引导拨打心理咨询热线 18515 次，播放心理健康知识科普 322897 次。项目被警方、媒体、家属以及社会资深人士多次点赞和认可，也被网友称为"灵魂摆渡人"。

"守护生命"项目不仅体现了阿里巴巴对社会责任的担当，也对阿里巴巴业务潜在风险的化解起到积极作用，甚至可以将潜在业务风险转化为公益性引导，实现商业和社会的双重价值。

---

① 数据截至 2021 年 3 月，来自"阿里巴巴第五届公益橙点榜"项目资料。

9.3.3 区块链：链上公益

阿里巴巴"链上公益计划"①

2019 年 7 月，阿里巴巴公益和蚂蚁链团队共同发起了"链上公益计划"，此计划以区块链技术为底层打造开放平台，能够为公益组织和公益项目提供公开、透明的系统化解决方案，实现善款可上链、过程可存证、信息可追溯、反馈可触达、多端可参与。

图 45　2019 年阿里巴巴"链上公益计划"发布现场

"链上公益计划"发布当天，"链上公益计划"第一个落地项目——"新未来高中生"正式发布。借助"链上公益计划"，项目使高中助学金的发放时间从 30 天缩短到 1 天。以往的拨付方式要通过分布在 17 个省的地市教育局发放 50 个班级约 4500 个学生的助学金，一个班级最乐观的发放周期为 30 天。"链上公益"自动

① 案例来源于阿里巴巴集团 2020 财年橙点公益榜年度十佳项目信息。

拨付只需要公益机构输入发放计划，收益学生通过扫脸核验身份后，助学金就会实时发放到学生的支付宝账号，这使得发放效率和善款安全性极大提升。

"链上公益计划"自发布以来发展迅速，截至 2021 年 5 月 12 日，平台已上链的项目有 46 个，累计捐赠次数超过 105.34 亿次，链上累计募捐金额超过 5.08 亿元，累计受益人数达到 605.73 万人。项目发布后，不断受到来自媒体和公益领域专家的关注，得到了一些好评和肯定。在 2020 年中国公益慈善项目大赛中，由于开创性地用区块链技术实现公益项目全链路公开透明，有效引领了公益行业的升级，阿里巴巴"链上公益计划"从全国 772 个参赛项目中脱颖而出，成为唯一入选金奖的互联网公益项目。

9.4　技术向善

科技在近百年间已经成为一种驱动社会变迁和改变自然环境的巨大力量。当下的数字技术、生物科技等科技更是深度地介入了人类社会的方方面面，对产业产生了全局性的影响，甚至介入了人体、改造人的身体。人们日益认识到，如果不能为科技确立一种合乎人性的发展目标，不仅难以用科技促进人类的福祉、繁荣和可持续发展，还有可能因为科技的滥用损害人的尊严和权利，加剧社会的不平等与不公正现象，甚至给人类文明带来毁灭性的破坏。

为了使科技造福于人以及免于滥用，科技的发展和应用离不开科技创新者和应用者对人们普遍接受的"善"的认同、追寻和实践。"善"的含义就是 goodness，就是"好"的意思。那么"好"的标准是什么？"好"的标准是让人更好地适应这个社会，让人生活得更好。所有的科技就是应该服务于人。就像普罗泰戈拉（Protagoras）所说："人是万物的尺度。"人是所有科技的标准，也是科技的最终目的。

基于"科技向善"的标准，要让"善"成为科技工作者和科技企业由内而外的价值取向。在实践中应该站在人性的高地，尊重人的生命、尊严和权利，将技术转化为美好生活，让人类的生活更加美好。

科技向善，体现在内在的善和外在的善，以及内在的善因通过行为转换为外在的善果。内在的善即善因，要求从科技研发者到普通的用户，在科技的创新与应用中都应该抱持善的意图。外在的善即善果，使科技创新的过程与结果充分体现外在的善，让社会和用户能够从中获益。

科技是一种能力，科技向善是一种赋能的行为。科技向善的社会实践策略就是以科技赋能社会。科技赋能社会主要有两方面的体现：其一是赋予普惠权，促使不同的个体和群体通过技术更加有效和公平地获取信息资源和社会资源，平等分享社会发展福利；其二是赋予自由权，可以让人们获得更多自由选择与发展的权利。

第 10 章

公益实践方法论：向未来好企业演化

具有社会目的的利润代表着一种更高形式的资本主义。这种资本主义会使社会更快速地发展，同时也使公司发展得更快。结果是企业与社会繁荣的正循环，最终会创造持久的利润。

——迈克尔·波特（Michael Porter）、马克·克莱默（Mark R. Kramer）

企业公益是一个具有"地方性知识"特征的实践行为。西方的企业社会责任和"创造共享价值"的理论框架给我们中国企业提供了一个很好的企业公益的行动参考。但是，由于中国企业所处的发展阶段、社会慈善文化、外部的环境和预期的确定性与国外企业有着很大不同，中国企业参与公益的动机、关注的议题领域、可以协同的外部资源、关注的项目结果也会和国外企业有所不同。

西方舶来的企业公益理论与知识不具有普遍性意义，中国企业公益的实践不能完全按照西方的框架走，我们必须建立有中国特色的企业公益实践方法论。有中国特色的企业公益实践方法论必须来自中国企业自身的实践探索，并且能指导中国本土企业的普遍公益实践。

阿里巴巴在多年的企业公益实践中沉淀了丰富的实践经验，我们可以将之归纳为企业公益的 ORT 模式，即以"利益相关者"为服务对象，以"文化为本、商业为根、技术为器"为方法，有效响应了为谁公益、如何公益的问题。

本书在阿里巴巴企业公益实践方法论的基础上，提炼出了更为具体化、能为中国广大企业的公益实践提供详细指导的"钻石模型"。

10.1 企业公益实践的"钻石模型"

美国哈佛商学院著名的战略管理学家迈克尔·波特（Michael E. Porter）提出用于分析产业竞争力的"钻石理论模型"，而本书提出的企业公益"钻石模型"是一个用来指导企业公益实践，同时也可以用来分析企业公益能力的理论模型。

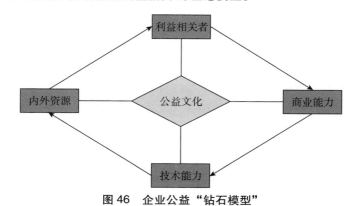

图 46　企业公益"钻石模型"

"钻石"指的是一个利用独特商业能力和技术能力且能整合内外资源，为利益相关者提供相关公益服务的企业。

为什么用钻石来表征从事企业公益的企业？

企业具有核心竞争力一直是企业所关心且孜孜以求的。企业核心竞争力是与竞争对手相比，企业所具备的主要优势。大家普遍认为团队管理能力、研发能力、制造能力、销售能力、品牌能力等都是企业竞争力的重要组成部分，只要其中一个部分能做到极致，就可以成为企业的核心竞争力。

从管理、研发、制造、销售、品牌等维度去看企业竞争力，是同行业、同时空的视角。在一个 VUCA 时代，企业面临的竞争往往并不是来自同行业、同时空维度的，而是可能来自跨界洗劫或高维度的降维打击。正如刘慈欣的《三体》中的黑暗森林法则："一旦某个文明被发现，就必然遭到其他文明的打击。"

从事企业公益且能凝聚成一种力量的企业，具有的是一种柔性的力量。我们将这种柔性的力量称之为"企业公益力"。无疑，企业公益力也是企业的一种竞争力，而且它跳出了同行业、同时空的红海竞争，体现了在更高维度上的差异化竞争力。

柔性改变商业。企业公益力指的是企业开展企业公益的能力，它是一种柔性的力量，必将重塑企业的成长逻辑，将企业的竞争提高到一个新的维度。一个国家商业的柔性和韧性，也必将改变这个国家的全球竞争力。因此，我们也用钻石来表征企业公益力，也以此来强调这种公益力的重要性与稀缺性。

"钻石模型"主要表达的思想是：一个企业面向未来的核心竞争力是一种柔性的力量，即企业公益力。企业公益力不仅仅是企业利用商业力、技术力和资源力从事公益的能力，也是企业的一种面向未来的能力，是一种能凝聚内外力量、实现可持续发展的核心竞争优势。

10.2 企业公益实践的"钻石五要素"

企业公益实践的"钻石模型"除了可以分析企业公益力，同时也可以用来指导企业公益实践。

"钻石模型"的钻石体系由五个要素构成：利益相关者、公益文化、商业能力、技术能力和内外资源。其中，"利益相关者"是企业公益的服务对象，"公益文化、商业能力和技术能力"三个要素是企业如何做公益的关键，而"内外资源"又是公益落地执行不可或缺的要素。以上五个要素相互关联在一起，组成了一个钻石体系。

（1）利益相关者。利益相关者是企业公益的起点和终点：利益相关者的困难、痛点和诉求是企业公益的起点。企业公益的终点也是回归利益相关者，即企业公益的最终目的是服务利益相关者，解决利益相关者的问题与诉求，这也成为公益项目评估的最核心准则。

（2）公益文化。公益文化是核心要素，居于钻石的中心。公益文化决定了企业公益的初心，保障了企业公益实施过程的公益方向。公益文化关系到企业能否有效整合企业商业能力、技术能力和内外资源，也直接决定了企业公益的创新能力与活力。

（3）商业能力。商业能力是与企业业务相关的能力。企业公益实践中所考虑的商业能力主要包括企业核心业务、核心产品是不是与利益相关者问题相关，企业核心业务能力是不是可以助力于利益相关者问题的解决。

（4）技术能力。技术能力是企业所拥有的利用各种技术手段的能力。企业公益实践中考虑的技术能力包括企业整体价值链相关的技术能力是否可以用于社会问题的解决，企业在互联网、物联网、大数据、人工智能、区块链、元宇宙等数字技术领域的技术能力是否可以应用于社会问题的解决。

（5）内外资源。内外资源指的是企业公益在具体的运营过程中，需要整合或协同的不同类型的相关资源。企业公益实践中所考虑的内外资源包括项目资金、相关人员，以及政府、公益组织、媒体等不同类型的合作伙伴等。内外资源的多寡以及协同的效果也直接决定了项目运营的实际结果。

五个要素在企业公益实践中各自发挥了不同的功能。利益相关者决定了企业公益的受众，公益文化决定了企业公益的初心，商业能力决定了企业公益的可持续性，技术能力决定了企业公益的创新性，内外资源则决定了企业公益运营的有效性。五个要素，功能不同，相互协力，构造出企业公益实践的"钻石体系"和企业公益力。

10.3 企业公益实践的"四个步骤"

企业公益实践主要由"确定议题""创新方案""有效运营"和"项目评估"等四个环节组成。这四个环节也分别构成了钻石模型的四条钻边。

本书提出了"二维分析定议题""二力叠加定方案""网络协同做运营"和"目标导向做评估"四个步骤，分别对应完成企业公益的四个环节，从而完成了一次完整的企业公益的生命周期：

第一步，确定议题：二维分析定议题。

第二步，创新方案：二力叠加定方案。

第三步，有效运营：网络协同做运营。

第四步，项目评估：目标导向做评估。

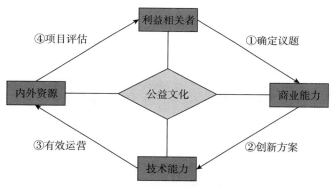

图 47　企业公益实践的四部曲

10.3.1　确定议题：二维分析定议题

"二维分析定议题"，指的是基于利益相关者和商业能力两个关键要素，从"对利益相关者的重要性"和"企业商业能力的相关性"两个维度对公益议题的重要性进行分析，进而决定本企业的核心公益议题。

"对利益相关者的重要性"决定了我们企业公益的关注方向，

"企业商业能力的相关性"则决定了企业能不能干，以及能不能干好。将两个维度结合起来分析，可以有效地判断企业公益方向和企业的能力范围，从而为合理确定企业的核心公益议题提供决策依据。

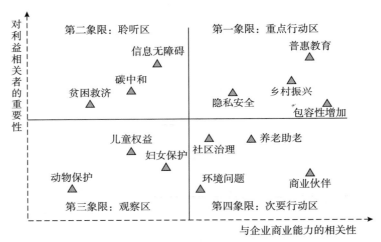

图48　二维分析法确定公益议题的概念示意图

二维分析会划分出四个象限，分别是企业公益的重点行动区、聆听区、观察区和次要行动区。

重点行动区：对利益相关者的重要性高和与企业商业能力的相关性高的第一象限，该象限内的议题是企业要重点考虑的公益议题。

聆听区：对利益相关者的重要性高，但与企业商业能力的相关性不高的第二象限。对于这个象限内的议题，企业最重要的是要聆听利益相关者的声音和诉求，不能贸然采取行动。

观察区：对利益相关者的重要性不高，与企业商业能力的相关性也不高的第三象限，该区域不属于企业公益行动的考虑范围。

次要行动区：对利益相关者的重要性不高，与企业商业能力的相关性却很高的第四象限。这个区域是企业公益的次要行动区，企业可以结合具体情况，谨慎进行相关公益议题的选择。

通过二维分析法确定议题是企业向有效公益和可持续公益迈出的关键第一步。不过在企业公益提议决策过程中，实际情况会复杂得多。

企业公益团队在实际操作过程中，可以结合召开内部研讨会、外部专家访谈、聆听核心领导层的意见等多种方式，对公益议题进行合理排序，让公益议题方向既能反映企业利益相关者的核心诉求，又能真正释放出企业的商业能力。

10.3.2　创新方案：二力叠加定方案

确定企业公益议题，也就是确定企业要服务谁、去解决什么问题。为此，需要通过具体的路径来制定企业公益方案。本书提出了"二力叠加定方案"的方法。

"二力叠加定方案"，指的是基于商业能力和技术能力两个关键要素，将企业的商业能力和技术能力相叠加，制定出一个有创新、可持续发展的企业公益方案。

商业能力和技术能力构成了企业的组织能力，有助于企业明确做公益的优势是什么、差异化在哪里，同时也是企业创新公益方案的最根本的基点。比如：支付宝反欺诈叫醒计划，就是通过挖掘企业产品的安全能力来满足用户未被满足的财富安全的需求；针对老年人阿尔茨海默病的检测和训练的需求，支付宝联合小程序开发伙伴推出了"大脑训练"小程序，其实就是通过释放平台的技术能力，重构企业产品价值链关系（平台与生态伙伴之间的关系），创造出新的社会价值和商业价值。

图 49　"二力叠加定方案"的概念示意图

1）第一力：商业能力

"钻石模型"中的商业能力指的是与企业业务相关的能力。比如天猫和淘宝平台有网络销售能力，客服事业部有开展客服业务的能力，高德有地图和出行引导的能力，阿里健康有提供健康服务的能力。这些公司或事业部的业务背后是专业的组织和人力资源，因此，在企业商业能力范围内开展公益，能够让企业发挥出其自身的优势，能更有效率、更有成效地满足利益相关者的诉求。

商业能力与公益议题的结合程度，将直接决定相关公益项目是否具有可持续发展的能力。一家成熟的企业，其核心业务相对稳定，而这也是其核心能力的范畴。在企业核心业务范围内开展公益，有利于公益项目得到企业组织的强大支持，也有利于公益项目的可持续性。

商业能力与公益议题的结合，需要规避公益反过来转化为商业服务的风险。如果公益变为企业商业服务，那么企业公益的性质就变了，企业公益就变成了"商业初心"。这会给公益事业带来重大的伤害，也会给企业带来潜在的舆情风险。

2）第二力：技术能力

"钻石模型"中的技术能力指的是企业拥有的利用各种技术手段的能力。比如阿里的安全部拥有的 AI 技术以及 IoT 安全、系统安全、应用安全、数据安全与隐私保护等方面的技术能力，阿里云拥有的计算力和大数据、云存储、云服务等方面的技术实力，蚂蚁集团拥有的风控、安全、区块链等领域的硬核技术。因此，阿里安全部可以推出高科技反诈公益项目；阿里云可以将云计算、云服务应用到乡村的数字化治理；蚂蚁集团可以将区块链技术应用在公益慈善领域，推动公益项目的上链，使网络筹款更加公开透明。

人类社会的很多问题在既有的技术维度中很难被解决，比如城市交通拥堵问题。在现有工业时代的技术维度中，无论是单双号限行，还是车辆摇号等措施都没法根本解决城市交通拥堵问题。让我们跳出现有的技术窠臼，新能源和智能驾驶技术、飞行器等新一代技术也许能为彻底缓解城市交通拥堵提供可能方案。因此，在企业公益实践中，采用什么技术、技术以怎样的方式加以应用，都将直接影响企业公益方案的创新性与有效性。

当然，新技术的应用可能还会导致新的社会问题产生，因此在技术应用过程中，我们要充分评估技术在公益应用中的价值导向和责任问题。比如智能驾驶的出现，可能会出现智能系统本身是否可以作为道德或法律主体，承担相应的道德或法律责任等方面的问题。

公益方案的制定是企业公益的重要环节。企业在制定公益项目方案之时，在基于商业能力和技术能力的二力基础上，还要考虑如何发挥企业价值链的能力，以及最终实现社会和企业的共享价值。因此，企业在制定公益方案的时候，可利用 S2B2C 的模式，充分发挥平台与价值链伙伴的力量，以及通过企业产品（服务）、企业价值链和企业服务地区等多视角去思考共享价值的创造路径，进而丰富和完善企业公益的项目方案。其中，关于 S2B2C 和共享价值创造的方法运用可参考本书第四章和第五章的相关内容。

10.3.3　有效运营：网络协同做运营

"网络协同做运营"，指的是企业在公益项目运营过程中全面协同企业内部和外部相关资源。一个好的公益项目，必然是多个主体共同参与、共同建构而成，也必然同时得到了政府机构、公益组织、媒体伙伴、志愿者等外部主体的积极响应。

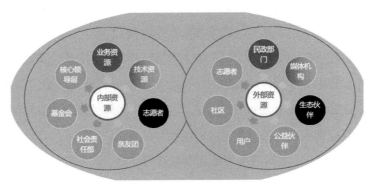

图 50　"网络协同做运营"的概念示意图

1）内部资源

内部资源包括企业内部的核心领导层、公益部门、业务部门、技术部门、员工（家属）等。一个好的公益项目，应该是一个能引发各个部门、各个层面员工的共鸣，吸引大家一起参与的项目。

每个项目在不同时期所需要调动的内部资源是不太一样的。以"蚂蚁森林"项目为例，项目上线前，技术开发资源和项目运营资源是核心资源，技术资源团队负责开发产品，项目产品运营团队负责对外联络相关合作资源，为产品的上线和运营推广做准备；项目上线后，面对产品用户群体的持续快速增长，为了争取更多内部资金和运营资源，最关键的是争取来自核心领导层的支持；随着产品流量放大，整合内部更多产品与运营资源又变得至关重要。

2）外部资源

外部资源包括企业外部的党政机构、公益伙伴、媒体机构、上下游生态伙伴、在地社区、用户、志愿者等。公益是公共领域的行为，只有足够多的社会资源共同介入，才能创造出更多的社会价值；通过公益行动唤起更多人的关注与行动，这也是公益最重要的价值所在。因此，企业公益整合外部资源、影响更多社会力量也是公益项目运营的重要抓手。

企业公益实践需要得到党政部门的关注与支持。来自党政部门的认可与支持对项目的宣传和更多社会资源的引入有着非常重要的意义。企业公益相关的党政机构包括负责党组织建设的组织部门、负责意识形态和文明建设的宣传部门、负责慈善管理业务的民政部门等。当下各地党委和政府越来越重视社会文明和公益慈善事业，也设立了各类奖项和评选来引导企业更多地参与公益慈善事业。比如民政部门从中央到地方设有各级慈善奖的评选，宣传部门设有网络公益项目、文明创新项目等评选。

企业公益实践需要得到专业公益伙伴的协助。企业毕竟不是专业做公益的主体，非常需要和专业的公益组织伙伴一起协同，形成强强合作、优势互补的效应。比如"蚂蚁森林"项目，如果前期没有阿拉善 SEE 的参与，后期没有大量公益组织的协同，单靠支付宝团队是没法单独完成把成万上亿颗树苗种到沙荒地带的任务的。因此很多有影响力的企业公益项目，背后往往都有相关公益组织的身影。浙江省云上公益服务中心也支持了不少企业公益项目的开展，包括支持余杭残联开展"助残 e+1"项目、支持众安集团开展"众 e 空间"项目、支持浙报集团旗下的太梦科技开展"共享浙里货、共富山区路"直播电商大赛等。

上下游产业生态协同伙伴、用户、在地社区、志愿者等资源有时也是企业公益实践的重要外部资源。淘宝的"公益宝贝"项目最主要的支撑力量就是几百万家淘宝、天猫商家和几亿消费者。2021 年淘宝、天猫上加入"公益宝贝"的商家达到了 228 万家，有超过 5 亿消费者在消费的同时，和爱心商家一起为公益事业献出力量，2021 年有 700 多万人次因此受益。

10.3.4　项目评估：目标导向做评估

"目标导向做评估"，指的是公益项目的评价紧紧围绕着利益相关者去评价，进而完成整个企业公益的闭环。公益项目的评估是企业公益实践的最后一个步骤。

项目评估包括过程性评估和结果性评估两种方式。过程性评估指的是项目方案仍在实际执行过程中，企业对项目的监测性评估。过程性评估的主要内容包括：进展是否顺利、目标是否有偏离。结果性评估指的是项目方案结束时，对项目进行的总体评估。结果性评估的主要内容是围绕着利益相关者、企业和项目三个维度进行评估，以此检视公益项目方案的成果或成效。

项目评估包括企业内部的自我评估和第三方的外部评估。过程性评估基本上都是企业内部项目团队负责实施，结果性评估有时会引进第三方进行综合评估。但无论是采用内部评估还是外部评估，企业必须建立起项目评估体系。

本书提出的项目评估主要从三个维度着手，即利益相关者维度、项目维度和企业维度。利益相关者维度指的是项目有效性；项目维度包括项目效率和项目可持续性；企业维度包括业务促进和品牌促进。

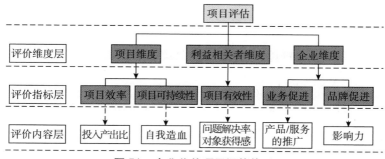

图 51　企业公益项目评估体系

1）项目有效性

项目有效性主要是评估项目是否真正解决了问题，为服务对象创造了多少价值。从公益的维度而言，企业公益的对象是利益相关者，因此利益相关者理应成为最核心的评估维度，它直接决定了项目的有效性。

2）项目效率

企业是追求效率的主体，这同样适用于公益项目。公益项目也需要以少的资源达成最大的成效，这也是企业商业能力在公益中的一种体现。

3）项目可持续性

项目是否具备"自我造血"的能力，决定了其能否可持续运作。"自我造血"对公益项目而言很重要，一方面可以让项目可持续发展，另一方面可以让渡资源给更加需要相关资源的项目。当然有些项目能产生很强的社会价值，企业又有能力持续投入，那么就不一定要求其一定有"自我造血"的能力。

4）业务促进

基于"CSV"视角，优秀的公益项目在创造社会价值的同时，也能创造相应的商业价值。这个商业价值包括业务促进和品牌促进，其中业务促进包括促进企业产品或服务的市场推广。

5）品牌促进

品牌促进指的是公益项目对企业的品牌能产生积极的作用，包括提升企业品牌的知晓度和美誉度。

每个企业对项目评估的五个指标的权重认知是不一样的。有的企业可能会更多从商业角度出发，更看中项目对业务和品牌的促进。但基于公益的核心立意，公益项目更应首先关注利益相关者的维度，其次关心项目维度，最后是企业维度。因此，五个评估指标按照重要性程度，一般可排序如下：项目有效性>项目效率>项目可持续性>业务促进>品牌促进。

附录 1 案例索引

注：为方便索引，本案例索引标题同正文标题做了修改。

附录 2　阿里巴巴公益历程

1999 年 9 月，马云带领下的 18 位创始人在杭州湖畔花园正式成立了阿里巴巴。

2004 年，武侠小说作家金庸参观淘宝，为成立仅 1 年的淘宝写下"宝可不淘，信不能弃"，"信用"成为阿里人的信条。

2004 年，阿里巴巴确定"六脉神剑"（客户第一、团队合作、拥抱变化、诚信、激情、敬业）价值观。

2005 年 5 月 10 日，阿里巴巴的第一个阿里日，纪念阿里人在抗击非典中凝聚出来的"果断、团结、敬业、互助互爱"的阿里精神。

2006 年，受感于身患绝症的淘宝店主周丽红坚强独立的精神，阿里巴巴发起"魔豆妈妈"项目。为支持"魔豆妈妈"，淘宝上线了"爱心宝贝"，带动淘宝商家一起做公益，开创了互联网公益新模式。

2007 年，阿里巴巴集团和员工共同发起"阿里巴巴爱心基金"，开始系统化参与社会公益的探索。

2007 年，阿里巴巴集团在中国互联网业发布了第一份企业社会责任报告。

2007 年 9 月，阿里巴巴集团倡议发起名为"互联网安全志愿者联盟"的民间公益组织，主要从事打击网络违规行为、维护互联网诚信公平环境、传播互联网安全理念活动。

2007 年底，阿里巴巴集团设立社会责任专职岗位，负责规划、实施、管理、评估并持续改进企业的社会责任行为体系。

2008 年 5 月，汶川地震发生后，阿里巴巴集团第一时间投入 2500 万元成立救灾小组，并组织阿里乐橙志愿者长期在青川开展援建工作。

2008 年 11 月，淘宝网与国际爱护动物基金会（IFAW）合作，建立了全球首个"反野生动物非法交易"的网络基地，共同打击网络野生动物贸易。

2009 年，阿里巴巴集团单独设立了社会责任部，从组织结构上完善了社会责任管理，并在各个子公司内都设置了社会责任部（责任推进人）。

2009 年起，阿里巴巴发起了"蒲公英互助计划"，参与"蒲公英计划"的员工（包括员工的配偶、子女）在遇到实际困难时可获得最高 20 万元的援助金。

2009 年 3 月，淘宝网联合爱心会员共建"淘宝会员爱心林"，援助甘肃贫困家庭种植大果沙棘树。

2009 年 4 月，阿里巴巴"百年系列"入职培训中，开始开设《百年责任》课程，向新入职员工介绍阿里的社会责任观、公益实践以及如何成为有责任的个体。

2009 年 7 月，阿里巴巴集团向全体员工发出"阿里十年，1 人 1 天 1 分钟"的参与公益的号召。

2009 年 7 月，淘宝网在一年一度的武林大会上，号召全体员工参与"让我们的爱散落在每个角落"的爱心活动，助力农民工子弟小学的建设。

2009 年 9 月，阿里巴巴 10 周年，"阿牛过江"活动让阿里人意识到水污染的严峻现状。

2009 年 9 月，上海 5 名盲人大学生在淘宝志愿者的帮助下开创了全球第一个盲人网店。

2009 年 12 月，淘宝加入气候组织（The Climate Group），致力于开展企业低碳战略。

2010 年，淘宝公益网店上线，公益组织也可以在淘宝、天猫上开网店。

2010 年初，支付宝上线爱心捐赠频道，帮助具有公募资格的公益机构进行网络募捐。

2010 年 3 月，马云加入大自然保护协会（TNC）全球董事会，并成为第一位中国董事。

2010 年 3 月，阿里巴巴与浙江省林业厅、萧山区林业局合作，在钱塘江畔认养了上百亩防护林绿色基地。阿里在公司内部启动了"认栽活动"，号召员工根据碳排放量认养树木，减少碳排放。

2010 年 5 月，阿里巴巴宣布每年把千分之三的营业额作为环境保护和公益的资金。

2010 年 9 月，淘宝和中国红十字会共同启动"淘宝公益专项基金"，重点帮助弱势群体。

2010 年 11 月，阿里集团正式推出"幸福抱团"——员工公益创业大赛，鼓励员工通过抱团合作的方式，自发成立公益团体，集团提供技术、专家、资金、志愿者等支持，帮助员工实现公益梦想。首届大赛中就有 25 个团体获得公司公益项目启动资金。

2011年11月，阿里巴巴发起"彩虹计划"，向遭遇困难的员工发放特困援助金，由来自各子公司的志愿者员工组成评审委员会负责审批工作。

2011年9月，在房价高、银行限贷的政策环境下，集团发起"iHome"置业贷款计划，向部分员工提供无息置业贷款，缓解初次置业的压力。

2011年12月，为了将公益行动专业化，集中公益资源、提升公益项目效率和专业性，阿里巴巴公益基金会正式成立，原始基金为5000万元。

2011年，阿里巴巴集团联合浙江省环保厅、绿眼睛环境组织等机构发起了"清源行动"水环境保护项目，汇聚民间环保力量，协助政府开展污染治理等活动，致力于保护重要的水源和流域，切实解决水环境问题。

2012年，为了使公益行动更加专业、公益基金使用更加高效，阿里巴巴设立员工公益委员会——"公益合伙人"；同时设立公益委员竞选制度，在全集团中公开竞选执行委员。

2013年6月，为了营造人人参与公益的良好氛围，阿里人的公益平台——"益起来"网站上线，员工可以在网站上记录公益活动、积累公益时，换取公益活动机会。

2013年11月，阿里巴巴联合全国100多家主流媒体发起"天天正能量"，通过奖励小而美的凡人善举，唤醒人心、激励善行，推动社会进步。

2015年9月10日，阿里巴巴16周年当天，阿里巴巴公益基金会一号志愿者马云向全体员工发出了"每人每年完成3小时公益志愿服务"的倡议。"3 小时公益"成为阿里巴巴最独特的文化。

2016 年 5 月,阿里安全部技术志愿者团队和公安部联合开发的"公安部儿童失踪信息紧急发布平台"("团圆"系统)正式上线,凝聚全社会力量全民打拐。

2016 年 7 月,首届全球 XIN 公益大会在杭州召开,来自非营利组织、非政府组织、领先的学术机构和公司、社会企业的近1000 名代表参会。

2016 年 10 月,阿里安全部技术志愿者开发的"钱盾反诈平台"正式上线,以大数据、人工智能的技术能力向电信网络诈骗宣战。

2017 年,为鼓励员工主动利用业余时间发起公益项目,阿里巴巴推出"公益琅琊榜",评选出"团圆"系统、"蚂蚁森林"等12 个优秀公益项目。

2017 年,阿里云工程师自建"码上公益"平台,利用技术为公益组织赋能。

2017 年,阿里巴巴集团与蚂蚁金服、中国乡村发展基金会共同发起"顶梁柱健康扶贫公益保险项目",为国家级贫困县 18 岁至 60 岁的男性建档立卡户免费投保,以"互联网 + 精准脱贫"的新模式为农村家庭中的男性劳动力提供保障,解决因病致贫、因病返贫的难题。

2017 年,受国家禁毒办委托,阿里巴巴开发全国青少年毒品预防教育数字化平台——"青骄第二课堂",以"互联网 + 禁毒教育"的创新模式,向全国 2 亿青少年提供科学、系统的毒品预防教育知识。

2017 年 9 月，阿里巴巴响应"中华慈善日"的号召，发起"95 公益周"活动，并向社会发起"人人 3 小时，公益亿起来"的倡议，同时开放"3 小时公益平台"，将"人人公益"理念推向全社会。

2017 年 12 月，阿里巴巴成立阿里巴巴脱贫基金，计划在未来 5 年投入 100 亿元振兴乡村，将脱贫攻坚正式上升为集团战略性业务。

2018 年，阿里"公益琅琊榜"升级为"橙点侠义榜"，评选出高德救灾地图、农村淘宝、公益 3 小时、"顶梁柱健康扶贫公益保险"等优秀公益项目，更多元化、多维度地鼓励和嘉奖为公益做出杰出贡献的员工、公益项目和事业部。

2018 年，在"95 公益周"期间，阿里巴巴推出"公益账户"，记录每一位用户在淘宝、支付宝等场景中的日常公益行为，包括低碳生活、爱心捐赠、志愿服务等，实现公益参与的数据化沉淀。

2019 年，阿里巴巴选派四位司龄均超过十二年的阿里巴巴员工作为"脱贫特派员"远赴山西平顺、湖南城步、甘肃礼县、贵州普安四个国家级贫困县。

2019 年，"橙点侠益榜"升级为"橙点公益榜"，并成为阿里巴巴集团内部一种独特的公益文化。

2019 年 3 月，阿里巴巴成立阿里巴巴技术公益委员会，号召全体工程师用技术助力公益，让科技更有温度。

2019 年 9 月，"95 公益周"上，阿里巴巴正式发布"链上公益计划"，通过打造以区块链技术为底层的开放平台，为公益组织和公益项目提供公开透明的系统化解决方案，实现善款可上链、过程可存证、信息可追溯、反馈可触达、多端可参与。

2019 年 9 月，云栖大会上，阿里巴巴发布了技术公益基金，并建立集团合伙人负责制；技术公益基金重点支持普惠教育、信息无障碍建设、赋能公益行业数字化转型等领域。

2020 年，疫情爆发，阿里巴巴汇聚经济体力量，在抗击疫情、商家扶助和国际合作等三个战场，助力国家坚决打赢疫情防控战。

2020 年，阿里巴巴设立全球首个员工公益专项基金——"橙点公益孵化基金"，首批投入 1 亿元资金支持员工做公益。

2020 年，阿里巴巴全面升级了面向未来的使命、愿景、价值观，提出"新六脉神剑"。

2021 年，阿里巴巴宣布"乡村振兴技术官"计划，数字技术人才纷纷带技术下乡。

2021 年 5 月，阿里巴巴集团从科技振兴、产业振兴和人才振兴三个方向推出助力乡村振兴的"热土计划"，将 2017 年成立的"阿里巴巴脱贫基金"升级为"阿里巴巴乡村振兴基金"。

2022 年 3 月，员工公益颁奖第六年，"橙点公益榜"升级为"阿里巴巴公益榜"，成为全体阿里人的"公益奥斯卡"。

2022 年 7 月，阿里巴巴公布"热土计划 2022"，持续从产业、人才、科技三个方面助力乡村振兴。

2022 年 9 月，针对城乡老人的社区养老项目"爱豆银龄关怀"计划正式开始落地实施，预计三年投入 5000 万元，将在全国至少 9 个省市打造 100 个新型为老服务社区。

2022 年 10 月，阿里巴巴集团建立县城共配中心助力农产品上行等案例，入选国家乡村振兴局公布的社会帮扶助力巩固拓展脱贫攻坚成果同乡村振兴有效衔接典型案例（第一批）。

2022年12月，阿里巴巴和阿里巴巴公益基金会共同发布了《阿里巴巴的助残心愿与行动2022》，并启动了阿里巴巴助残志愿联盟。

2022年12月，阿里巴巴集团发起了"助力乡村疫情防控"专项行动。

2022年12月，阿里公益上线了用户年度账单：近5亿用户、超过200万的商家支持"公益宝贝"；5亿人通过淘系和人人3小时平台做好事，平均每人坚持做好事10.9天。

2023年1月，阿里公益联手高德地图上线了"药物公益互助"平台，进一步确保居民用药便捷；阿里巴巴捐赠1.25亿元，用于为全国60多万个村卫生室每个配备两台血氧仪，可基本实现农村地区全覆盖，确保疫情防控"迎峰转段"平稳有序。

2023年2月，根据北京师范大学中国公益研究院发布的评估报告，阿里公益"天天正能量"项目10年来已投入1亿元善款，联合媒体伙伴累计奖励、传播11570个凡人英雄。

附录3 阿里巴巴集团的公益生态体

马云公益基金会

由阿里巴巴创始人马云发起成立，关注企业家精神、教育、女性领导力、医疗环保四个领域，致力于让天更蓝、水更清、身体更健康、思想更阳光。

蔡崇信公益基金会

2018年9月，蔡崇信成立了蔡崇信公益基金会，关注现代职业教育、青少年体育教育及教育脱贫三大领域，致力于让更多寒门学子上好学、就好业。

真水无香公益基金会

由曾经做过警察的阿里巴巴集团党委书记邵晓锋和爱人在2018年发起成立，怀揣对警察职业的敬重和热爱，希望为保障城市平安甚至为此牺牲生命的警察及其家属提供帮助，并在社会中弘扬真善美正能量。

云栖科技创新基金会

2017年9月，阿里云创始人王坚博士发起成立云栖科技创新基金会，计划每年通过"2050 候鸟计划"为 100 名来自不同国家的年轻人提供参会的差旅支持，并为 10 位"2050 青年奖"获奖者提供每人 1 万美元的奖励。

湖畔魔豆公益基金会

2017 年，阿里巴巴 12 位女性合伙人成立湖畔魔豆公益基金会，致力于帮助困境中的儿童和妇女。2018 年，12 位女性合伙人三访西安以探寻帮助女性脱贫的方法。她们相信，当女性投身公益，一定会给世界带来意想不到的改变。

阿里巴巴商学院公益

阿里巴巴商学院成立于 2008 年 10 月 31 日，是阿里巴巴集团和马云母校杭州师范大学共建的校企合作的学院，致力于培养数字经济时代创新型优秀管理人才和创业者。自阿里巴巴商学院成立以来，广大师生就积极参与各种公益实践，涌现了"村淘文化角""e 起童行""美好街区""乡村公益直播"等公益项目，也衍生出了"云上公益"等公益组织，承担了"浙江省互联网公益慈善基地"的相关建设工作。

附录4 蚂蚁集团的企业公益案例

案例一：支付宝"蚂蚁森林"

2016 年是中国绿色金融元年。2016 年 8 月，中国人民银行、财政部等七部委联合印发了《关于构建绿色金融体系的指导意见》，研究提出设立绿色发展基金，并通过运用财政政策支持绿色金融体系的建立健全。

1）无心插柳，蚂蚁成林

2016 年初，蚂蚁金服对外宣布将绿色金融作为公司未来新的重要战略，推动绿色金融的发展。蚂蚁金服希望基于支付宝平台落地绿色金融战略，将绿色金融与用户的行为结合在一起，鼓励用户绿色生活和消费。

2016 年初，支付宝已经拥有了 3 亿多用户，逐渐成为国民支付软件，覆盖了大量线上缴费、公交地铁等绿色低碳场景。蚂蚁金服最初的想法是给每个支付宝用户建立一个碳账户，并在 30 天内上线。碳账户将作为支付宝四大账户（资金、信用、碳、爱）之一，将用户每天的低碳行为折算为碳减排的数值，累计到个人账户中。

围绕碳账户项目，蚂蚁金服内部很快成立了一支由来自不同部门的员工组成的虚拟志愿者组织，徐迪（花名：祖望）担任了碳项目的产品经理。徐迪发现，碳账户虽然直观、目标明确，也确实可以把用户的低碳行为累计起来，但形式太过理性、学习成本高，不便于用户参与。

项目团队想到，"绿色"最容易让人联想到的就是"树"，每年的植树节也是保护环境的一个实践方式，那有没有可能让手机里长出一棵真树，把用户的低碳行为变成一棵真树种在大地上？

围绕着这个疯狂的想法，项目团队经历了一次次热烈的讨论和共创，"蚂蚁森林"的产品模式逐渐形成雏形：蚂蚁森林将用户在日常生活中的低碳行为，如使用公共交通、步行、无纸化阅读等，转换为绿色能量，第二天在"蚂蚁森林"主页上生成一个绿色的气泡让用户去收集，好友之间还能进行互动，互相收集彼此的能量。用户收集到一定数量的绿色能量后，"蚂蚁森林"就会以用户的名义在荒漠地区种下一棵真树……

2）多方参与，形成生态

项目的落地，需要外部伙伴协力。合作伙伴参与进来，推动项目发展，项目发展又吸引了更多的外部伙伴加盟。由此，蚂蚁森林的协同生态网络也逐步形成和完善起来。

产品模式清晰了，"蚂蚁森林"的运作还需要解决树从哪里来，或者说买树、种树的钱从哪里来的问题。到2016年底，支付宝已经拥有超过5亿用户，就算10个人里只有1个人使用"蚂蚁森林"，那也需要种下5000万棵树，这可不是个小数目。项目组经过多方寻找与接洽，终于找到了"蚂蚁森林"的第一个合作伙伴——阿拉善 SEE 生态协会①。

阿拉善 SEE 成立十几年来，一直致力于阿拉善地区的生态保护，为当地的牧区做过大量的基础性环保工作。2014 年，阿拉善 SEE 正式开展"一亿棵梭梭"项目，目标是用十年的时间在阿拉善关键生态区种植一亿棵以梭梭树为代表的沙生植物，恢复 200 万亩荒漠植被，遏制荒漠化蔓延趋势，同时借助梭梭树的衍生经济价值提升牧民的生活水平。支付宝海量用户参与和阿拉善 SEE "一亿棵梭梭"项目完美契合，用户收集能量种虚拟树，蚂蚁森林通过阿拉善 SEE 种真树，项目运作上的关键一环被打通。

在前期，阿拉善 SEE 作为公益组织，成为"蚂蚁森林"项目非常重要的合作伙伴。随着项目不断发展，越来越多的公益组织、企业和用户都参与到"蚂蚁森林"的种树活动中来，"蚂蚁森林"也成为一个绿色低碳的公益平台，在这个平台上多方协同的生态也在不断生长。

公益组织是公益项目运作中不可或缺的重要角色。随着"蚂蚁森林"需要种下越来越多的树苗，从阿拉善 SEE 生态协会第一个公益合作伙伴开始，加入"蚂蚁森林"项目的公益圈内的伙伴越来越多。中国绿化基金会、亿利公益基金会、中华环境保护基金会、中国乡村发展基金会、桃花源生态保护基金会、安徽绿满江淮环境发展中心、山水自然保护中心、大自然保护协会、猫盟 CFCA 等合作伙伴纷纷加入，"蚂蚁森林"对环境做出的实实在在

① 阿拉善 SEE 生态协会成立于 2004 年 6 月，是由近百名企业家在内蒙古阿拉善腾格里沙漠发起成立的，是中国首家以社会责任为己任、以企业家为主体、以保护生态为目标的社会团体。

的保护也越来越多。

企业是公益项目运作过程中资金等资源的重要供给者。随着"蚂蚁森林"的影响力越来越大，平台逐渐聚集起了三类企业：有低碳场景业务的企业，无低碳场景、通过捐赠形式参与的企业，以及捐赠流量和声量的企业。不同的企业拥有不同的资源，都通过合适的方式参与到低碳环保活动中来。

盒马有购物不用塑料袋的低碳业务场景，饿了么有订餐不用餐具的低碳业务场景，哈啰单车有绿色出行的低碳业务场景，消费者参与这些企业的绿色环保行动，就可以获得一定数量的能量值。围绕着绿色低碳，"蚂蚁森林"平台、企业、消费者三方实现了共赢。

没有低碳业务场景的企业也可以参与进来，他们可以通过向"蚂蚁森林"项目捐赠资金，从环保公益机构处获得树种，让支付宝用户在平台上进行兑换，类似于企业在碳交易市场购买碳指标。

既没有低碳场景又不想购买碳指标的话，还有一种贡献流量和声量、让更多企业参与进来的方式：企业可以发起一个自己的公益林，然后宣传号召用户和粉丝去给自己的公益林浇水，浇水获得一定的能量后，支付宝就会为其种下真正的树林。

个体用户是公益项目最重要的参与者，"蚂蚁森林"项目成功最重要的因素就是能吸引用户来参与。项目研发团队认为游戏是唤起用户对绿色低碳业务兴趣最好的方式，因此采用了几年前流行的"偷菜"游戏模式，让大家在欢快"偷能量"的过程中，完成绿色低碳公益的参与，让更多的用户养成低碳环保的生活习惯，培养用户的公益环保意识。研发团队也根据用户的反馈，通过直播、全景、图文、VR 等方式进一步加强实体树与用户的联系，让用户有更深的参与感和获得感。

在"蚂蚁森林"项目中，还有一个受益的群体——农牧民。在沙荒地带种下树苗，为地方经济生活提供了可持续发展的支撑，同时本地农牧民也获得了种植树苗、养护树苗、巡护保护地等就业机会，提升了欠发达地区民众的生活水平。

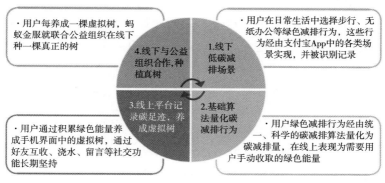

图 52　"蚂蚁森林"的产品模式

3）创新迭代，成就公益里程碑

蚂蚁森林最初在支付宝 App 里的入口很深，也没有运营的预算做推广，项目组预期用户不超过 1000 万人。2016 年 8 月底，"蚂蚁森林"在支付宝上线，却引爆了全网。公益天然的亲和力，以及通过游戏参与公益的趣味模式，再加上口碑传播和社交互动，"蚂蚁森林"迅速流行。第 4 个月，"蚂蚁森林"用户突破 6400 万人，日 UV 超过 1000 万，每日新增种树达到 2 万棵。

产品上线后的成功也引起了蚂蚁内部的高度关注，继而为"蚂蚁森林"投入了更多的资源。2017 年春节支付宝"集五福活动"为"蚂蚁森林"项目助力，活动期间注册用户数量激增，短短几天时间内突破 2 亿。好玩又有益的"蚂蚁森林"获得了大量网友的喜欢和追捧，产品用户数不断增长。截至 2019 年 8 月底，"蚂蚁森林"上线 3 年时间，"蚂蚁森林"平台注册用户数已经超过 5 亿。

在种树以外，"蚂蚁森林"也在不断探索更多的环保形式。在和合作伙伴的交流中，富有生态价值的"保护地"走入了"蚂蚁森林"团队的视野。2017 年 9 月，第一种非树类的"树"上线，它就是洋湖保护地，也是"蚂蚁森林"推出的第一个保护地类项目，带领用户们一同保护所在区域的动植物生态多样性。

在脱贫攻坚的大背景下，2018 年"蚂蚁森林"产品又延伸到了农产品上行领域。"蚂蚁森林"团队发现保护地里有不少农产品品优价廉，但因为没有销售渠道卖不出去。2018 年 8 月，平武蜂蜜在平台上线，一万罐蜂蜜在一分钟内被抢购一空。接着平台又推出了包括 MA 沙棘、汪清木耳等一系列基于森林绿色基建衍生而来的农产品，帮助当地农民脱贫致富。

当下，在助力乡村振兴的新阶段，"蚂蚁森林"再次顺势迭代升级。2021 年 5 月，在阿里巴巴发布的"热土计划"中，"蚂蚁森林"制定了未来 10 年的计划，将通过平台的力量为中国种下 10 亿棵树，同时为欠发达地区提供就业机会，助力 100 个县域打造生态农产品品牌，实现生态保护和增收致富的良性循环。

"蚂蚁森林"是支付宝绿色金融的一次创新尝试。"蚂蚁森林"通过使用互联网的、虚拟的方式，记录用户的真实低碳行动，鼓励用户产生更多真实低碳行动；同时，在荒芜地带植树造林，改善当地生态环境，并通过林木的衍生经济价值提升当地农牧民的生活水平。截至 2020 年 12 月，支付宝"蚂蚁森林"项目已经有 5.5 亿用户，累计种下了 2.2 亿棵真树。"蚂蚁森林"已经从一个生态公益产品演变为一个助力乡村振兴的公益平台。

案例二："反欺诈叫醒计划"

网络电信诈骗活动的开展主要依托互联网。因此，互联网公司开展反诈行动，既是一种责任与义务，也是一种积极的企业公益行为。

2017 年，支付宝提出：要"像打击酒驾一样打击诈骗"。支付宝通过智能算法评估用户的交易风险，在用户进行风险交易时弹出防诈骗提醒。2018 年，支付宝在支付示警的基础上又推出了交易劝阻功能，让用户在进行高风险交易时让交易失败，或者让交易资金延时到账，以便用户及时撤回交易，避免损失。

道高一尺，魔高一丈，支付宝发现网络诈骗的手段也在不断进化、越来越高明。60% 的被骗用户在付款前曾收到防诈骗提示，80% 的被骗用户在被骗过程中即使无法通过支付宝交易，也会选择银行或微信等其他渠道继续支付。那么什么方法才能真正解决这个问题呢？支付宝分析了海量的案例和被骗用户的心理活动之后认为，要想把电信诈骗遏止在支付宝平台上，最重要的一点，就是要让被骗的人能真正从骗局中醒悟过来，意识到他正处于骗局之中。

2019 年初，支付宝正式实行"反欺诈叫醒计划"，2019 年 7 月，支付宝正式针对 50 岁以上用户群体试点开通了"叫醒热线"。

如果用户正在向骗子转账，支付宝将阻止交易，并通过给受骗者拨打电话揭示骗局，将受骗者真正从骗局中"叫醒"。

"反欺诈叫醒计划"跳出网络平台方单一被动防御的模式，针对潜在被骗用户和已被骗用户建立了"事前的用户心智影响、事中的多层叫醒服务和事后的损失挽回"三层主动安全防护，让每个用户都能被专业的反诈服务守护。

（1）事前的用户心智影响。支付宝会通过创造网络热点植入反欺诈概念，通过与明星合作推广反欺诈知识和通过线下推广等对用户的认知进行影响，在用户被骗前就进行反欺诈知识的传递，把诈骗活动扼杀在萌芽状态。

（2）事中的多层叫醒服务。通过前沿的智能风控引擎，支付宝平台能够对风险交易进行精准的识别，随后对识别到的风险交易进行风险提示，在中止交易的同时，通过人工呼叫用户提醒用户目前存在的风险，或是通过叫醒助手使用文字、语音、视频和虚拟形象提醒用户，又或者让用户与亲友成为亲友守护人，在用户出现异常支出时通知用户的守护人。

（3）事后的损失挽回。倘若用户已经交易成功，针对被判定为有风险的交易，支付宝会将资金提前冻结或者延时到账，同时主动帮助受害者向骗子催要诈骗资金。在沟通之后如果骗子同意退还资金，支付宝会自动进行资金调账，返还受骗者。

产品是核心，但光靠产品是不够的。为了让反欺诈产品真正发挥作用，支付宝打出了一系列的运营组合拳。

（1）"支付宝叫醒官"助力反诈宣传。支付宝联合国家反诈中心、中国警察网、《今日说法》等，通过权威的"公益叫醒官"进

图 53　支付宝"反欺诈叫醒计划"模式

行全方位的网络传播，让更多用户加入支付宝"反欺诈叫醒计划"，在用户即将受骗之时给用户打电话进行人工提醒，直到用户听劝为止。

（2）打造反诈网红爆品。打造"防骗榨菜"等网红单品，让防欺诈知识走进百姓生活。2020 年 7 月，支付宝与乌江涪陵榨菜、国家反诈中心联名推出了防骗"诈"菜，在每包榨菜印上一个骗局小故事，借此宣传防骗知识。

（3）多元角色介入，提升唤醒成功率。支付宝先后推出"叫醒热线""叫醒助手""亲友守护"等产品，通过多元角色共同介入，力争让被骗人在骗局中清醒过来。

（4）中间人助力资金挽回。在挽回被骗资金方面，支付宝运用自己中间人的角色，打通被骗人和欺诈者之间的资金截留、延时、催还、返还的链路，为资金的挽回提供了可能。同时，当用户遭遇诈骗后，支付宝不仅会接受用户的举报并配合警方调查，还会帮助用户找到专业律师，提供免费的法律咨询。

"反欺诈叫醒计划"启动后，取得了显著的成果。根据支付宝

图54 "反欺诈叫醒计划"的社会协同网络

官方公布的数据，仅在 2020 年，支付宝防欺诈知识传播覆盖了 7.2 亿人次，每天成功叫醒保护的资金达到 1450 万元，被骗叫醒的成功率达 46%，日均帮助 703 个被骗用户追回 42 万元，成功返还的比例占到 30%。相比之下，通过传统方式挽回被骗资金的比例只有 1%。

欺诈与反欺诈一直在博弈，反欺诈之路仍然任重而道远。用户是企业最重要的利益相关者，保护用户的信息和资产安全是互联网平台的职责和义务，通过输出业务能力和技术能力，为用户撑起更加安全的消费和生活空间，这也是互联网公司要重点关注的企业公益方向。

案例三：对阿尔兹海默病的守护

阿尔茨海默病，俗称"老年痴呆症"，是一种神经退行性脑部疾病，通常是认知功能（比如记忆力、决策能力、执行能力等）出现比正常衰老过程更严重的衰退。目前，由于尚无特效药物能根治阿尔茨海默病，国际共识是其只能延缓，不可治愈，因而采取早诊断、早干预、早治疗等医学手段积极预防、延缓疾病进展至关重要。

遵循"早筛查，早干预"的主动预防原则，蚂蚁集团技术部研发了 G3 & SCS 核心筛查工具，并基于此开发了"大脑训练"小程序，提供专业自测的认知症筛查工具，帮助用户快速自测，提供包含保险服务、一对一问诊服务、医院转介服务等一站式精准配套服务；同时，助力认知症友好社区数字化转型，普及认知症和脑健康知识。

1）G3 & SCS 核心筛查工具

G3 健康自测游戏是针对全年龄段用户推出的脑健康自测游戏。通过多维度的游戏设计，着重测试用户的 6 大认知能力：计算力、执行力、抽象力、视知觉、专注力、记忆力。趣味的游戏形式可以使首次接触"脑健康"话题的用户初步了解自己的大脑健康情况与同龄人的差距，唤醒大家的脑健康意识。

SCS 认知风险筛查工具是与认知症领域权威专家郭起浩教授共同研发的。基于强大的人工智能语音识别技术，着重测评：短时记忆力、延时回忆能力、专注力、执行力、视知觉、语言表达能力，用户 5 分钟即可完成自测，精准率高达 93%。

核心筛查工具通过 AI 自适应的算法，结合阿里 NLP、语音识别等技术，通过对脑健康 8 大认知区域进行测试，客观判断脑健康情况并给出筛查结果，根据用户筛查结果进行量化分层，提供有针对性的服务。

这套智能筛查系统和数字化训练方法已在上海第六人民医院

等多家江浙沪地区的三甲医院临床应用，同时正在积极申报针对轻度认知障碍数字疗法的 CFDA 和 FDA 认证。目前数据显示，该创新筛查方式将筛查效率提升了 10 倍以上，误差率小于 1%，低于人工筛查误差率。

2）"大脑训练"小程序

作为一款专门针对阿尔茨海默病早期风险测试和干预的线上工具，"大脑训练"小程序将原来只能在线下完成的相关检查和训练搬到了线上，借此，全国老年人都可以用手机开展相关筛查，预防阿尔兹海默病。

2019 年 8 月"大脑训练"小程序上线，半年累计服务超过 200 万用户，最高单月 MAU 达 80 万，单日最高 DAU 超过 16 万。参与检测的用户平均年龄 45 岁，其中男性占 44.2%，女性占 55.8%。完成测试的用户当中，62.16% 有轻度问题，其中有 11.53% 左右有重复测试，97.4% 有提高，43.33% 有显著提高。根据最新发布的数据显示，截至 2021 年 12 月 1 日，"大脑训练"小程序的使用人数已累计超过 1000 万，日复访率高达 65%，超过 10 万人将其收藏添加到支付宝首页的"我的小程序"中。

表 2　传统模式和"大脑训练"小程序模式比较

	传统模式	"大脑训练"小程序模式
评测过程	线下场所，人工测评	智能测评速度快，风险分级精准度高
风险干预	无	线上线下干预训练相结合
数据质量	质量相对较低，有误差	质量高，误差小，能获取更多的测评维度

续 表

	传统模式	"大脑训练"小程序模式
数据维度	患者主诉+客观评测检验数据+医生经验	患者主诉+客观评测检验数据+测评中的作答轨迹+真实世界数据+医生确诊信息
数据追踪	无	全程动态追踪（评测+干预+确诊）

"大脑训练"小程序的运用，是养老服务场景数字化转型的一个创新尝试，弥补了原有线下筛查效率低、区域限制性大等多种弊端。2021 年，"大脑训练"以"最暖心小程序"入选支付宝2021 精选小程序。

3）认知症友好社区

蚂蚁集团联合民政部等部门共建线下认知症友好社区，帮助认知症友好社区数字化转型。目前已经与上海杨浦区民政局完成认知障碍友好社区的建设，正在推进上海市浦东新区的认知障碍友好社区建设。

图 55　认知障碍友好社区的活动现场（上海杨浦区某街道）

蚂蚁集团正在联动 NGO 小小志愿者、支付宝蓝马甲等公益团体，联动人社部、民政部等相关部门，帮助养老服务场景实现数字化转型，构建线上、线下一体的养老场景服务闭环，打造数字化社区养老服务的新模式，帮助老年人跨越数字鸿沟。

案例四："电费零食"关爱空巢老人

社会痛点：随着城镇化进程的加快，空巢老人规模不断扩大。据全国老龄办披露，2020 年我国空巢老人规模已达到 1.18 亿，预计至 2030 年将超过 2 亿。在数字化深度变革的当下，老年人，尤其是那些子女不在身边的空巢老人与数字化存在很难逾越的鸿沟。

公益实践：针对空巢老人交电费难的现实问题，支付宝推出"电费零食"项目，让有爱心的年轻人帮助那些不方便去线下营业厅又不熟悉智能设备的空巢老人缴纳电费，同时在零食包装里放入写有老人人生感悟的小字条，拉近了年轻人和老年人之间的距离。

商业价值：支付宝结合自身缴费业务推出的公益应用，基于项目设计和线下公益活动，构建双向价值通道——年轻人为空巢老人充电费，老人为年轻人的人生"充电"，吸引年轻用户参与，树立了更好的品牌形象。

支付宝不仅仅是一个支付用的商业工具，还是一个数字生活服务平台，承担着为百姓办事的社会服务责任，本身就具备社会公益的属性。

2008 年，支付宝接入了由机构提供的水电煤等公共事务性缴费服务。2014 年，支付宝上线了"服务窗开放平台"，商家可以通过服务窗为用户提供服务。2017 年，支付宝首推低门槛商家收钱码。2018 年，支付宝公共事务缴费业务上线 10 周年之际，支付宝小程序功能正式上线。IoT 小程序"蜻蜓"作为新型支付方式同步推出，为线下商户提供强大的"商业操作系统"，支付宝商家服务进一步升级，规模迅速扩大。

2018 年是支付宝平台进一步强化支付功能、探索数字本地生活开放平台的重要战略节点。在这个时间点，支付宝团队员工在业务场景一线中发现了空巢老人交电费难的现实问题，关于百姓支付和本地生活消费的"电费零食"公益项目因此孕育而生。

1）"电费零食"项目设计

空巢老人有的腿脚不便，有的住得离缴费大厅很远，每次交电费都要花上几个小时，特别麻烦。如何帮助空巢老人完成交电费这件"小事"，成了支付宝关注的"大事"。

在支付宝"办事"功能上线 10 周年的节点，支付宝团队想到了把年轻人拉进来，一起通过"科技+公益"的创新方式来解决这个问题。于是，支付宝计划上线一种特殊的商品——"电费零食"。"电费零食"种类也有很多，薯片、棉花糖、瓜子……表面上这些"零食"与其他零食没有什么显著差别，但购买者打开包装袋后，会发现里面并没有真正的零食，而是来自被帮助老人的一份暖心的人生箴言。

为了吸引更多年轻人加入，支付宝团队在设计包装时用老人可爱的大头照、丰富的表情等来吸引顾客。他们将行动不便的老人的故事以简短生动的介绍印在包装上，例如："好发呆的成波大娘，一家两口，猫是她唯一的依靠。"并在零食袋上附上为老人缴纳电费的二维码，只要用支付宝一扫就可以为老人缴纳电费，让暖心之举轻而易举，随手就能做公益。

在设计这款产品时，支付宝团队就考虑到"价值互惠"这一点，让充电变成双向互惠的行为。在他们看来，公益拉动的是人与人之间的互动，就像便利店里面薯片包装上的条形码，拉动的是商家与消费者，而"电费零食"拉动的是年轻人与老年人之间的联系。公益是价值互惠的平视，而不是居高临下的俯视。老年人在接受关怀的同时，也可以为社会做出一些力所能及的贡献。年轻人为老年人缴纳了电费，老年人为年轻人的心灵充了电，使年轻人更能感受到帮助他们的快乐。这种双向的价值流动，也许就是公益所具有的最神奇的力量。

2）"电费零食"线下实践

2018 年 10 月，"电费零食"在南京秦淮区的一家罗森便利店正式上架了。许多人被这种别出心裁的公益模式吸引，上架第一天就有 121 包"零食"被 72 位顾客购买。也就是说，有 72 位爱心人士以这种方式为需要帮助的老人缴纳了电费。还有顾客问店员："这个扫码缴电费只能缴 2 块钱吗？还能多缴点吗？"就连清洁工阿姨也加入进来为老人缴电费，"电费零食"展示出人心中最柔软的温情。

购买者打开"零食"包装后，会发现里面有一张人生箴言小卡片。小卡片上面写着"喜欢谁就去追，情书不会写让你妈帮你""人这一生不像做饭，不能万事俱备再下锅"……诸如此类的人生

图 56　罗森便利店内的"电费零食"专区

箴言。那些被帮助的老人仿佛就在身边，给购买者讲述他们用一生总结出来的最平实的人生道理。这些妙趣横生的人生箴言不仅给"零食"增添了温情，也让购买者可以听听"过来人"的话，或许能带来心灵的触动。

图 57　你为老人充电，他为你的人生"充电"

"电费零食"项目一出现就获得了大量的关注。从南京秦淮区的罗森便利店到安徽合肥的罗森便利店，从刚开始担心无人买单到供不应求，很多人都争着为空巢老人贡献自己的一份力量。支付宝这一暖心的小设计实现了"双向充电"，让科技为老年人贡献一份力量，让更多的人关注空巢老人这一问题。"电费零食"的话题也登上了微博热搜，得到了超过一百家媒体持续的关注与报道。

后　记

本书前后写了三年多，今天得以付梓，还是想说点什么。

2022 年 11 月，我的博士生导师盛晓明教授从工作了 37 年的浙江大学荣休，有学生对盛晓明教授做了一次访谈。在访谈中，盛晓明教授谈到，此生最大的遗憾就是中国文科理论研究存在着的两个极其糟糕的问题：第一个是文科理论研究的话语权、话语基础在西方，第二个是文科的话语方式和我们的社会是没有关联的，就是自己关起门来搞研究。

盛晓明教授希望我们能在实践中思考问题，在实践中提炼理论框架，为中国科技、经济和社会的发展真正做出有意义的贡献。此书就是遵循盛老师的教诲，力图在中国企业公益研究领域，到企业实践的现场去观察、总结、提炼，最后构建出一套有中国特色的、且能指导中国企业现实实践的企业公益理论和方法论体系。

2009 年博士毕业后，我在纯理论研究上所花的时间不多，更多的时间在从事实践工作。尤其是 2013 年调入阿里巴巴商学院工作后，我在大量的时间里从事电子商务、互联网领域的实践研究，跑了全国很多的县域和乡村，也担任了 20 多个地方政府的电商顾问，为不少地方发展电子商务和新经济出谋策划，比如为中国淘宝第一村"白牛村"，中国农村电商样本——丽水遂昌、河南长葛、陕西紫阳等地提供电商产业发展指导。在这个实践研究过程中，我和团队一起出版了《互联网+县域》和《农村电商运营：从策略到实战》两本专著，成为当年县域电商、农村电商领域还有一点点影响力的两本书。

我所在的单位阿里巴巴商学院是由阿里巴巴集团和马云的母校杭州师范大学联合设立的，以培养数字经济时代创新型优秀管理人才和创业者为使命。阿里巴巴商学院是一个面向未来、有着强烈实践取向的新型商学院。为社会培养"有梦想、有激情、有责任感"的青年学生，为国家培养具有"国际视野、实战能力、创新精神"的创新创业者是我们学院的使命所在。

我一直坚信，任何真知灼见都应该来自实践，实践习得能真正内化为"具身知识"；商学院的教育绝对不能停留在书本上，更多的商业知识及能力习得应该来自实践教育。我也一直坚定地认为，任何理论都应该具有现实关怀，具有推动社会进步、提升人类精神生活的作用；商学院的教育不仅仅是教创业者和企业家如何赚钱，更重要的是教创业者和企业家去创造有意义的财富，创造有价值的人生。

2013年，我来到阿里巴巴商学院后，创办了名为"e次方"的社团组织，希望通过打造一个社会创新实践的平台，让学生们在项目中成长、在实践中历练，能为社会培养出有责任感、有创新力的年轻人。2014年，在浙江省阳光教育基金会秘书长陈九兰女士的支持下，我们e次方在阳光教育基金会下面设立了"e次方微公益基金"，正式开启了一群年轻人的公益微探索。e次方每一次电商沙龙向参加活动的企业家和创业者收取的费用，都投入了e次方微公益基金，用来支持乡村孩子的教育；同时在商学院的支持下，e 次方每年都组织志愿者团队到乡村开展暑期服务乡村的社会实践活动，让青年人在服务乡村的同时，磨炼自我、提升自我。

从为乡村孩子的教育筹款、乡村暑期实践到"村淘文化角"项目的开展与实施，我和很多企业在公益方面开始了接触与合作，尤其和阿里巴巴公益部、阿里巴巴公益基金会、马云公益基金会，以及活跃在公益一线的阿里员工的接触越来越多，我对公益和企业公益也有了更多的了解和思考。

e 次方是一个学生社团，不是一个独立的法人。因此，当时 e 次方开展的相关公益项目只能依托我当时负责的浙江省现代电子商务研究院。2019 年 1 月，在爱心企业家贝利集团董事长沈国健先生的大力支持下，在浙江省民政厅的指导下，浙江省云上公益服务中心正式成立，开始以正式的慈善组织的身份开展公益慈善活动。

2018 年，浙江省开始推进建设慈善基地工作。作为互联网大省，浙江希望通过互联网技术来推动公益慈善事业的发展，因此在阿里巴巴总部所在地、数字经济的高地余杭区设立了浙江省互联网公益慈善基地，助力全省互联网公益慈善事业的创新发展。

我受省里委托负责建设该基地，从此，我在云上公益和浙江省互联网公益慈善基地的平台上开始更多地探索互联网公益和企业公益，也投入了更多的时间来思考科技向善和企业公益的问题。

我一直坚定地认为，社会问题的破解离不开企业的参与，离不开技术的助力。

我们必须把企业拉到公益慈善的阵营中来。一方面，企业可能是社会问题的制造者，比如破坏生态环境、侵害员工利益、制造食品安全问题等；另一方面，企业作为掌握大量资源的主体，又是破解社会问题的最主要的主体。因此，把企业拉到公益慈善的阵营中来，这是中国公益慈善未来的希望所在，也是中国共同富裕国家战略的重要破局点。

我曾担任阿里巴巴每年举办的"公益橙点榜"的评委，看到一个个来自各事业部的公益项目。他们针对某个社会问题或痛点，结合了各自部门的核心能力，提出了一个个创新的公益项目。"公益橙点榜"中的项目越有实际的社会问题指向，越能结合事业部的核心能力，也越能取得成功以及后续可持续的发展。

在疫情期间，我也参与了阿里巴巴全球寻源小组的相关支持工作，帮助一起对接全球抗疫物资与采购工作，切身感受到了企业在应对紧急社会事件时释放出来的巨大能量。企业在调动资源和快速执行方面的能力是很多社会组织所不具备的。所以，在中国特色的社会治理体系下，企业，尤其是科技型、创新型企业，结合自身的技术能力和资源禀赋响应和破解社会问题，有很大的发展潜力，完全可以在公益慈善领域做出更大的贡献。

这几年，随着互联网、人工智能、大数据、元宇宙等新技术的快速发展，技术在快速地介入人类社会，也推动着商业财富更快速地裂变。然而，在数字经济快速发展的同时，不同地区、不同人群之间的数字鸿沟也在日益扩大，人类社会的财富不均等问题也日益严峻。

更可怕的是，新技术带来的技术鸿沟会造成更大的资源和财富的不平等。因此，政府、企业家、学者、社会工作者要一起携手，共同关注技术应用的伦理导向，共同关注企业的担当与责任，深入思考我们到底想要什么样的生活，我们需要共创出一个怎样的未来。

在实践中，我们要鼓励企业家结合企业的核心业务和资源为社会问题的破解而努力，努力创造商业和社会的共享价值，创造一个更具包容性、更安全、更公平的世界。

在阿里巴巴商学院总裁班上，我给同学们开设了"公益与社会创新""企业社会责任与商业模式创新"的课程，通过实际案例告诉企业家其实做公益慈善并不难。平时在和老总们的交流中，我也时常趁机介绍企业如何通过"商业+公益"的方式，最终实现社会价值和商业价值的"共赢"。在我的引导与"怂恿"下，有些企业老总也开始通过各种各样的方式参与公益慈善，通过"商业+公益"的创新方式，也确实很好地取得了商业和社会的共赢。

中国的传统文化是理性实用主义导向的。做的事有没有用，这是要不要做这个事最重要的衡量标准。中国的企业也是非常理性的，做公益慈善有没有用、能不能给企业家个人或企业带来什么好处，这是很多企业家最关心的事情。如果通过发挥企业的核心能力，在解决或应对社会问题的过程中，也能有效助力企业实现企业品牌力、影响力或市场渗透率的提升，那么自然有更多企业家愿意参与到公益慈善事业中来。

改变人类的是科技，改变社会的是商业。我们只有真正用好科技带来的力量，引导好商业改变社会的力量，才能让我们的社会变得越来越美好。作为商学院的老师和公益的践行者，我们要推动越来越多的企业参与到企业公益中来，并引导企业用它们所掌握的技术和能力去解决社会问题。鉴于此，我在浙江省互联网公益慈善基地设立了一个"企业公益服务中心"，专门服务企业做更有价值的公益，助力破解企业公益的"最后一公里"问题。

当下，企业公益的大环境变得越来越好。中国式现代化的征程已经拉开帷幕，"共同富裕"也已经成为国家战略，"资本向善、商业向善"成为企业界讨论的热点，对企业公益更有利的社会氛围正在形成。同时，随着互联网技术的发展和平台经济的范式影响，"以用户为中心""利益相关者"理念已经逐渐成为很多企业家的共识，新一代互联网企业家也更愿意基于平台的业务和技术能力去响应相关的社会问题。

企业公益正在路上。

我们政府、企业家、公益人士、学者需要形成共识，携手并持续不断地努力推进！

感谢阿里巴巴合伙人孙利军和程立先生对本书写作的大力支持，他们给予了很多来自公益和技术方面的建设性意见。感谢阿里巴巴公益基金会和CTO办公室相关同学的大力协助，他们使得本书的案例写作有了大量原始资料与素材。感谢久淳、郑玥、吴菊萍、子略、华山、王威、王佩、王怡、恩禾、子夔、李丹、胡冰、官蓓蓓、郭百岭、姜昌征、夕尘、陈立平、天赞等阿里同学和校友给予的无私支持和意见反馈。感谢阿里巴巴商学院同事们的关心和支持，感谢张政、韦运颖、郭桐、黄晓鹏、喻齐、苏越、周芸、古素敏、陈斯等同学完成了繁重的资料梳理和相关修订工作。感谢电子工业出版社的副编审、高级策划编辑张振宇同志，容忍我们花了三年多的时间交稿，其间也给了我很多中肯的建议，让这本书得以顺利出版。

感恩！

裘涵

2023 年 9 月 28 日